BARBARA POST
STEFAN LIPSKY

AM NORD-OSTSEE-KANAL

Touren-Begleiter zwischen Brunsbüttel und Kiel

BOYENS

KREIS
DITHMARSCHEN

Hochdonn

20

Burg

Kuden

Averlak

Brunsbüttel

15

10

5

0

K
STEI

Alle Informationen gehen auf sorgfältige Recherchen zurück und entsprechen dem Stand vom 1. Januar 2020. Änderungen sind möglich. Eine Gewähr kann nicht übernommen werden.

BOYENS
BUCHVERLAG

ISBN 978-3-8042-1522-1

© 2020 by Boyens Buchverlag GmbH & Co. KG, Heide
Alle Rechte vorbehalten
Herstellung: Boyens Buchverlag
Layout und Gestaltung: Dörte Kromrei
Schaukarte: Hanna Petersen
Druck: Kösel, Krugzell
Printed in Germany

www.boyens-buchverlag.de

INHALT

VORWORT
7

**VON KILOMETER 0-99:
DER KANAL - BRUNSBÜTTEL BIS KIEL**
10

**VON „ABMESSUNGEN" BIS „ZOLL"
KANAL-WISSEN IN STICHWORTEN**
52

TRÄUMEN AM KANAL
62

MUSEEN AM KANAL
64

PLÄNE, NICHTS ALS PLÄNE
136

**DER EIDERKANAL -
EIN TECHNISCHES DENKMAL VON WELTGELTUNG**
142

ARBEITER, DIE WAHREN HELDEN DES KANALBAUS
150

EIN STEIN FÜR DEN FELDMARSCHALL
154

LITERATURVERZEICHNIS
160

Kaffee, Kuchen und große Schiffe –
ein Sommertag auf Gut Warleberg.

EIN KANAL FÜR SCHLACHTSCHIFFE, CONTAINER-RIESEN UND WOHNMOBILE

Der Nord-Ostsee-Kanal zieht sich als blaues Band durch Schleswig-Holstein. Mit seinen „dicken Pötten" ist er nicht nur die meistbefahrene künstliche Wasserstraße der Welt und damit ein wichtiger Wirtschaftsfaktor, sondern auch Freizeitparadies für Angler, Radfahrer, Wanderer, Wassersportler und Besitzer von Wohnmobilen.

Die Pläne für seinen Bau reichen bis ins 17. Jahrhundert zurück. Schon immer wollten Schiffer und Kaufleute den langen und gefährlichen Seeweg rund um Skagen abkürzen, um von der Nord- in die Ostsee (und umgekehrt) zu fahren. Selbst der russische Zar Peter der Große dachte darüber nach, eine solche Wasserstraße quer durch Schleswig-Holstein zu graben, damit seine Handelsschiffe auf kürzestem Weg direkt in die Nordsee fahren konnten.

Eine erste Ost-West-Verbindung schuf der von 1776 bis 1784 gebaute Schleswig-Holsteinische Kanal, später Eiderkanal genannt. Er verband die Kieler Förde mit Rendsburg und führte über die zum Teil begradigte Eider weiter nach Tönning. Bei seiner Einweihung galt er als technische Meisterleistung. Für die Dampfschiffe des 19. Jahrhunderts erwies er sich allerdings als zu klein.

Nachdem Schleswig-Holstein 1867 preußische Provinz geworden war, nahmen Kaiser und Kanzler ein weiteres Kanal-Projekt in Angriff. Der neue Wasserweg von Brunsbüttel nach Kiel konnte 1895 glanzvoll eingeweiht werden. Ein Fest, das 100 Jahre später ebenso feierlich, wenn auch etwas bescheidener, mit Bundespräsident und Schiffskorso seine Wiederholung fand.

Kaiser Wilhelm II. kommt im Jahr 1895 zur Flottenparade nach Holtenau.

Der neue Kanal hat das Land verändert: Dörfer wurden geteilt, Wege mussten verlegt werden. Sogar Städte bekamen ein neues Gesicht: Brunsbüttel wurde zur Schleusenstadt mit mehreren Häfen an seinen Ufern. Rendsburg hingegen veränderte sein historisches Stadtbild, aus dem Schiffe und Schleusen verschwanden. Die Planer führten den Kanal im Bogen um die Stadt. Der neue Kreishafen liegt seitdem „außen vor" der Stadt.

Der „Kaiser-Wilhelm-Kanal", wie er nach seiner Einweihung hieß, war aber keineswegs zum Vergnügen der Menschen oder zur Erleichterung des Handelsverkehrs geplant. Dieser Kanal hatte militärische Bedeutung. Über ihn konnte die in Kiel beheimatete Ostsee-Flotte schnell nach Wilhelmshaven, zur Nordsee-Flotte verlegt werden. Doch keine zehn Jahre nach Eröffnung saß die deutsche Marine in der „Falle": Die Briten bauten Schlachtschiffe von solcher Grö-

Weite Horizonte – der Sommer am Kanal.

Schiffskorso zur Kanaleröffnung 1895.

ße, dass Deutschland nicht mehr gleichziehen konnte, wenn es den Kanal für seine Marine weiter nutzen wollte. Er war einfach nicht tief genug für diese Riesenschiffe. Die (sehr teure) Entscheidung fiel zugunsten größerer Schiffe und eines Kanalausbaus, der erst im Juli 1914 fertiggestellt wurde, und teurer war als der ursprüngliche Plan. „So haben wir den Kanal erst einmal in ei-

nen nutzlosen Graben verwandelt", spottete damals der britische Marineminister.

Dieses Buch berichtet über Geschichten und Sehenswürdigkeiten des Kanals und seiner Umgebung. Es gibt Tipps für einen schönen Tag am Blauen Band von Schleswig-Holstein.

Barbara Post und Stefan Lipsky

VON KILOMETER 0 BIS 99:
DER KANAL.
BRUNSBÜTTEL BIS KIEL

Vom Piraten-Nest
zum Industrie-Standort

Bis zum Bau des Nord-Ostsee-Kanals war Brunsbüttel ein kleines Kirchdorf nahe der Elbe. Die Einweihung der Wasserstraße 1895 veränderte den Ort nachhaltig – und das nicht zum letzten Mal. Seit den 1970er Jahren hat sich die 14 000-Einwohner-Stadt zum größten Industriestandort in Schleswig-Holstein entwickelt, der das Kunststück vollbringt, zugleich ein lebenswerter Wohnort mit hohem Freizeitangebot zu sein. Begünstigt durch die Lage an Kanal und Elbe entstanden mehrere Häfen (Elbehafen, Ölhafen und Hafen Ostermoor), und eine ganze Reihe Industrieunternehmen unter anderem aus den Bereichen Chemie und Kunststoff siedelten sich an. Das zwischen 1970 und 1975 errichtete Kernkraftwerk Brunsbüttel wird seit 2012 zurückgebaut.

Mindestens bis 2024 ist die „Schleuseninsel" zwischen den beiden alten Schleusen

Eine der größten Baustellen im Land – die Schleuseninsel in Brunsbüttel aus der Luft.

von 1895 und den „neuen" Schleusen von 1914 eine Großbaustelle. Hier entsteht die dringend benötigte fünfte Schleusenkammer – nicht zuletzt, weil die mehr als hundert Jahre alten Veteranen mittlerweile störanfällig geworden sind.

Der historische Kern, heute **Brunsbüttel-Ort** genannt, vermittelt ein Bild kleinstädtischer Idylle. Allerdings stellt auch er nicht den Ursprung des im Jahr 1286 in einer Urkunde zum ersten Mal erwähnten Ortes dar. In jenem Jahr mussten die Brunsbütteler ihrem Lehensherren, dem Bremer Erzbischof, versprechen, künftig nicht mehr die Schiffe Hamburger Kaufleute auszurauben.

Zweimal in ihrer Geschichte mussten die Brunsbütteler umziehen. Die Vorgängersiedlung „Uthaven" ging bereits im späten Mittelalter in den Fluten unter. Wiederholte Deichbrüche und Sturmfluten zwangen die Menschen nach 1674 erneut zur Verlagerung ihrer Siedlung auf sichereres, sprich: höhergelegenes, Land. Mit dem Holz der abgebrochenen Häuser bauten sie ihr neues Dorf auf, das heutige Brunsbüttel-Ort. Die Weihnachtssturmflut von 1717 sorgte erneut für Deichbrüche und verheerende Schäden. Dabei entstand die Braake („Bruch"). Mit dem geglückten Deichbau von 1761 wurde sie zum Entwässerungskanal für den neuen Brunsbüttel-Eddelaker Koog.

Erst 1772 entstand die Gemeinde Brunsbüttelkoog, durch den Kanalbau später zweigeteilt wie viele andere Dörfer auch. Sie wurde 1948 zur Stadt erhoben, 1969 dann mit Brunsbüttel und mehreren Dörfern der Umgebung zusammengeschlossen.

▶ Sehenswert

Das alte Dorf **Brunsbüttel-Ort** wurde planmäßig um den Marktplatz und die 1679 errichtete **Jakobus-Kirche** herum angelegt. Nach einem Blitzschlag im Jahr 1719 und einem Feuer wurde die Kirche neu errichtet. Zu ihren besonderen Kunstschätzen zählen der aus der 1708 abgerissenen Glückstädter Schlosskirche über-

Seit 1679 im Zentrum – die Jakobus-Kirche.

Fachwerkhaus (1779) am Markt.

Mitarbeiter der Kaiserlichen Kanalverwaltung gebaut. Die Siedlung wurde im Stil der Reformarchitektur als Gartenstadt angelegt mit eingeschossigen Zwei- bis Sechs-Familienwohnhäusern in unterschiedlicher Bauform und Gestaltung. Erstmals wurden Beamten- neben Arbeiterhäuser gesetzt, um eine nähere Berührung der verschiedenen Berufszweige zu begünstigen. Dabei wurden für die unterschiedlichen Berufsgruppen vom Arbeiter bis zum Beamten auch sieben unterschiedliche Gebäudetypen entworfen. Im Haus **Scholerstraße 7** wohnte der stellvertretende Kanalinspektor. Dementsprechend hatte das Haus den höchsten Ausstattungsstandard.

nommene Barock-Altar von 1650. Die Königsloge trägt das Wappen des dänischen Königs Frederik IV. (reg. 1699–1730), damals auch Landesherr über Süderdithmarschen.

Rund um den Marktplatz ist eine Reihe alter Häuser erhalten. Dazu zählt zum Beispiel das als Diakonat für den zweiten Pastor errichtete **Fachwerkhaus von 1779** (Markt 12), das später nach dem Vogt Matthias Boie (1600–1653) benannt wurde. Das **„Alte Pastorat"** entstand 1772. Das Haus Markt 4 ist das ehemalige Rathaus von Brunsbüttel; es beherbergt heute das Heimatmuseum. Das Haus Piehl (Reichenstraße1) stammt aus dem Jahr 1801, die Gebäude Sackstraße 1und 5 sind zwei eingeschossige Giebelhäuser der Zeit um 1830.

Eine architektonische Besonderheit ist die Brünsbütteler **Beamtensiedlung**. Sie wurde von 1908 bis 1915 (Erste Kanalerweiterung) als „Neue Beamtenkolonie" für die

Der reich verzierte Eingang zum Alten Diakonat.

Die ehemalige **Mittelschule** von 1912/13 (Bojestraße 30) und die Kirche mit dem Pastorat ragen als Einzelgebäude hervor. Die **Kirche St. Paulus** wurde 1914/15 als neobarocker Bau aus dunklem Backstein nach einem Entwurf von Regierungsbaumeister Ewald Klatt errichtet.

Das Brunsbütteler **Heimatmuseum** in einem 1905 als Ladengeschäft gebauten und zeitweilig als Rathaus genutzten Gebäude gegenüber der Kirche am Markt erzählt die Entwicklung der Stadt. Die Brunsbütteler Schifffahrt und der Nord-Ostsee-Kanal bilden dabei zwei Schwerpunkte (von Ende November bis Ende Februar nur für Gruppen geöffnet).

Heimatmuseum Brunsbüttel
Markt 4, 25541 Brunsbüttel
www.museum-brunsbuettel.de

Die Schleusen

Als erster durchfuhr Kaiser Wilhelm II. am 23. Juni 1914 mit seiner Yacht „Hohenzollern" (Modell im Museum „Atrium") auf dem Weg zur „Kieler Woche" die neuen Schleusen. Als sie eingeweiht wurden, waren sie mit 310 Metern Länge die größten

Der Bau der gewaltigen Schleusenanlage in Brunsbüttel vor 1895.

Blick auf die Brunsbütteler Schleusen vor dem Umbau.

Ein Frachtschiff läuft in die Schleuse ein.

der Welt und übertrafen sogar die Schleusen des ebenfalls 1914 eröffneten Panamakanals, deren Kammern nur 305 mal 30,5 Meter aufwiesen. Zum Vergleich: Die beiden alten Schleusen aus der Erbauungszeit des Nord-Ostsee-Kanals haben eine Nutzgröße von 125 Metern Länge mit einer Breite von 22 Metern.

Assistenz-Schlepper am Kanal.

Seit mehr als hundert Jahren verrichten die vier Schleusen jetzt ihren Dienst, um Unterschiede im Wasserstand zwischen Elbe und Nord-Ostsee-Kanal auszugleichen. Doch immer häufiger erweisen sich Tore und Anriebe als reparaturanfällig. Immer wieder kommt es vor, dass Schiffe beim Einlaufen ein Schleusentor rammen. Die Folgen: Lange Wartezeiten oder Umwege rund um Skagen, wenn der Kanal komplett gesperrt werden muss.

Der Bau der fünften Schleusenkammer – derzeit Europas größte Wasserbaustelle – soll Abhilfe schaffen. Die Fertigstellung ist für 2024 geplant. Danach beginnt die Grundinstandsetzung der beiden alten großen Kammern. Voraussichtlich bis 2030 bleiben die Brunsbütteler Schleusen eine Großbaustelle.

Von zwei **Aussichtsplattformen** am Nordufer lässt sich ein Blick auf die dicken Pötte in den Schleusen werfen; Eingang vom Gustav-Meyer-Platz aus.

Das Schleuseninfozentrum SIZ

Mit dem Baubeginn für die fünfte Schleusenkammer hat das Wasserstraßen- und Schifffahrtsamt (WSA) in zehn blauen Containern auf der Nordseite der Schleusenanlage ein Informationszentrum errichtet.

Betreut wird es von zertifizierten Gästeführern der Volkshochschule Brunsbüttel e.V. Sie erklären die Entwicklung des Baus der neuen Schleusenkammer und die (bau-) technischen Aspekte. Anhand verschiedener Modelle, von Anschauungsmaterial und Echtzeitkameras sollen Besucher – aus sicherheitstechnischen Gründen dürfen sie nicht direkt auf die Baustelle – auf diese Weise einen Einblick erhalten.

Das SIZ kann ausschließlich im Rahmen einer Schleusenführung besichtigt werden. Führungen werden zwischen März und Oktober an verschiedenen Wochentagen angeboten. Treffpunkt und Karten bei der

Tourist-Info
Gustav-Meyer-Platz 2
25541 Brunsbüttel
Tel.: (0 48 52) 39 11 86
www.schleuseninfo.de

Das Schleusen- und Kanalmuseum „Atrium"

Das Atrium-Museum am Nordufer liefert mit Schautafeln, Schiffsmodellen, Landschafts- und Funktionsmodellen, technischen Objekten, Videofilmen sowie historischen Exponaten einen Überblick über Bau-

Auf jeden Fall mit Hut – Kanalarbeiter stellen sich dem Fotografen.

Das „Atrium" mit einer Sammlung schwerer Anker vor der Tür.

Das Prunkgeschirr, das Kaiser Wilhelm II. zur Schlusssteinlegung benutzte.

geschichte, Bedeutung und Betrieb des NOK. (Geöffnet Mitte März bis November).

Kanalmuseum Atrium
Gustav-Meyer-Platz 2, Brunsbüttel
direkt neben der Tourist-Info.

Häfen, Fähren und Brücken

Die **Straßenhochbrücke Brunsbüttel**, zwischen 1979 und 1983 erbaut, ist mit 2826 Metern Länge nach der Rendsburger Eisenbahnhochbrücke die zweitlängste der zehn Brücken über den Nord-Ostsee-Kanal. Zwei Fähren mit jeweils hundert Tonnen Tragfähigkeit queren den Nord-Ostsee-Kanal und verbinden die Stadt mit dem Indus-triegebiet auf der Südseite. In Ostermoor pendelt eine weitere, kleinere Fähre über den Kanal.

 ## Entdecken und Erleben

Der 1898 in Elmshorn gebaute und dort heute wieder beheimatete **Frachtsegler „Gloria"** bietet im Sommer ein- bis zwei-stündige Fahrten auf dem Nord-Ostsee-Kanal an. Der 2001 restaurierte, gut 15 Meter lange Ewer kann jeweils 16 bis 21 Passagiere mitnehmen, je nachdem, ob unter Motor oder unter Segeln gefahren wird.
www.ewer-gloria.de

Frachter KARKLOE unter der Straßenhochbrücke.

Segler GLORIA passiert Tonne 55.

„Walken" und Schiffe gucken: Brunsbüttel bietet zwei Routen für **Nordic Walking** an: Die Dithmarscher „Route 10" ist 16,8 Kilometer lang, „Route 11" hingegen nur 7,2 Kilometer. Start- und Zielpunkt ist jeweils das Freizeitbad „Luv" im Zentrum der

Stadt. Danach führen die Routen entlang der Braake, Nord-Ostsee-Kanal, Kanalschleusen und Elbdeich.

Schwimmen mit Blick auf Elbe und Kanal ist im **Freibad Ulitzhörn** an der Landspitze zwischen Braake und Nord-Ostsee-Kanal möglich.

www.brunsbuettel.de

Essen und Trinken
Café und Restaurant Torhaus
Blick auf NOK/Yachthafen und Schleuseneinfahrt, Fährbetrieb, Terrasse
Gustav-Meyer-Platz 3,
25541 Brunsbüttel
www.brunsbuettel-torhaus.de

AVERLAK

Vom Kanal an die Schlei

Averlak liegt auf einem schmalen Landrücken, der Aver de Lake hieß („über dem Wasser" des Kudensees) und damit der Gemeinde seinen Namen gab. Östlich schließt sich das Moor an und westlich die Marsch. Fast alle Häuser des Dorfes entstanden deshalb entlang der drei Kilometer langen Dorfstraße.

Schlick und Sand, die beim Bau des Brunsbütteler Hafens und der Schleusenanlagen

anfielen, wurden bei Averlak aufgespült.

Mit dem Bau des Nord-Ostsee-Kanals wurde Anfang 1895 die **Eisenbahn-Drehbrücke** bei Taterpfahl (heute Averlak) in Betrieb genommen. Doch Brücken auf gleicher Höhe mit dem Kanal erwiesen sich sehr schnell als unpraktisch, weil ihre Öffnung für den Schiffsverkehr stets Wartezeiten bedeutete. 1920 wurde die Brücke deshalb demontiert.

Die Stahlgitterkonstruktion des alten Mittelteils wurde damals jedoch nicht ver-

Die alte Brücke von Taterphahl heute in Lindaunis an der Schlei.

schrottet – sondern für die 1926 einge-
weihte und heute unter Denkmalschutz
stehende Klappbrücke über die Schlei bei
Lindaunis wiederverwendet. Das Besondere: Die einspurige Brücke wird von Zügen
und Autos gleichermaßen genutzt. (Es bestehen jedoch Pläne, den reparaturanfälli-
gen Oldtimer durch einen Neubau zu ersetzen).

Der Bau einer Hochbrücke bei Averlak war
wegen des moorigen Untergrunds nicht
möglich. Erst zwölf Kilometer weiter östlich
fand sich bei Hochdonn ein geeigneter
Baugrund. Dort verlässt der Kanal langsam
die flachen Niederungen der Marsch und
schneidet in den sandigen Mittelrücken, die
Geest, ein. Die neue Brücke veränderte
auch den Streckenverlauf der „Marschen-
bahn" genannten Westküstenlinie der Ei-
senbahn.

KUDEN UND KUDENSEE

Das idyllische Dorf Kuden.

Schiffertradtitionen

Auf der Dithmarscher-, das heißt der
Nord-Seite des Kanals liegt der **Kudensee**,
die gleichnamige Gemeinde jedoch auf der
Südseite im Kreis Steinburg. Unmittelbar an
den einst sehr viel größeren See grenzt dagegen das Dorf **Kuden**. Der Bau des
Nord-Ostsee-Kanals hat auch hier abson-
derliche Verhältnisse geschaffen: Rund 20
Hektar des Gemeindegebiets von Kuden
liegen auf der Steinburger Kanalseite, vier
Hektar Kudenseer Land auf der Dithmar-

Einmalig – Spreewaldkähne auf der Burger Au.

scher Seite. Immerhin ermöglicht die Fähre zwischen Kudensee und Averlak eine unkomplizierte Verbindung.

Seit je her hat der See das Leben der Menschen bestimmt. Zur Entwässerung des unter dem Meeresspiegel liegenden und früher oft überschwemmten Landes wurde 1765 der Büttler oder auch **Bütteler Kanal** gebaut, der damals in die Elbe mündete und heute durch den Nord-Ostsee-Kanal geteilt wird. Den Bauern diente er zum Transport von Torf und Waren. Daran erinnert das einmastige Plattbodenschiff im Wappen der Gemeinde Kudensee, die sich am „Lütten Kanol" entlang zieht. Eine Kahnschiffergilde hat sich in Kuden gegründet, sie möchte alte Schiffer-Traditionen aufrechterhalten.

Die Kahnschiffer von Kuden bieten auch die Kahnfahrten auf der **Burger Au** mit

echten **Spreewaldkähnen** an – einmalig in Schleswig-Holstein (nur für Gruppen und nach Voranmeldung).
www.kahnschiffer.de

 Entdecken und Erleben

Schon vor gut 80 Jahren wurden der **Kudensee** und seine Umgebung unter Naturschutz gestellt. Der heute noch etwa 40 Hektar große See und das ihn umgebende Feuchtgrünland gelten als wichtiger Brut- und Rastplatz für Wasser- und Wiesenvögel. Insgesamt stehen 246 Hektar unter Naturschutz. Am Westrand des Kudensees steht eine Aussichtsplattform (nur zu Fuß oder mit dem Fahrrad erreichbar).
Vom **Klevhang** bei Kuden reicht die Sicht an schönen Tagen bis zur Nordsee. „Klev"

Häuser unter Reet in Kuden.

bedeutet Kliff und steht in diesem Fall für die Steilkante von der Geest zum alten Urstromtal der Elbe. Der Klev entstand vermutlich bereits am Ende der vorletzten Eiszeit vor rund 150.000 Jahren.
Die NOK-Fahrradroute führt dicht am Kudensee vorbei durch das Buchholzer Moor und entlang der Burger Au.

BURG/DITHMARSCHEN

Von der Burger Au an die Elbe

Der Ringburg **Bökelnburg** verdankt die 4000-Einwohner-Gemeinde ihren Namen. Die Anlage auf einem hohen Geestrücken am Rand der Marsch ist ein Relikt einer kriegerischen Epoche, als die Dithmarscher Überfällen der um das Jahr 800 aus dem Süden vordringenden Franken, aber auch

slawischer Abodriten und vielleicht sogar dänischer Wikinger ausgesetzt waren. Die Ringburg mit ihren hundert Metern Durchmesser und noch heute etwa fünf Meter hohen Erdwällen ist die besterhaltene Anlage dieser Art in Schleswig-Holstein. Untersuchungen ergaben, dass die Burg in ihrer Geschichte offenbar auch als Fluchtburg diente, so zum Beispiel im Jahr 1032 bei

Aus der Luft sind die Ausmaße der historischen Bökelnburg gut zu erkennen.

einem erfolgreich abgewehrten Slawen-
überfall. Im Jahr 1145 wurde angeblich Ru-
dolf II., der letzte Graf aus Stade, auf der
Bökelnburg erschlagen.
Der einzige Eingang befand sich dort, wo
im Jahr 1817 die Kapelle für den damals innerhalb des Ringwalls angelegten Friedhof
errichtet wurde.

Noch im 19. Jahrhundert war Burg ein
wichtiger Schifffahrtsort, vor allem für den
Export von Torf. Über die **Burger Au**, den
Bütteler Kanal, die Wilster-Au und die Stör
gelangten die Schiffer mit ihrer Fracht in die
Elbe bis nach Hamburg. Der Bau des
Nord-Ostsee-Kanals bedeutete das Ende
der Burger Schifffahrtstraditionen. Zwar
wurde ein neuer Hafen mit einer Schleuse
an der Burger Au angelegt. Doch bereits
1932/33 wurde der Schleusenbetrieb eingestellt und um 1950 dann Teile des Hafens

Der Friedhof in der Burger Bökelnburg.

Die schönen Ufer der Burger Au.

und der Schleuse zugeschüttet. Heute nutzen nur noch die Kudener Kahnschiffer oder Kanu- und Kajakfahrer die Burger Au für Ausflüge.
www.echt-dithmarschen.de
www.kahnschiffer.de
www.wilsterau-kanu.de

Das Museum

In einem alten Sattlereigebäude ist das Burger Museum „ditmarsium" untergebracht. Es zeigt unter anderem eine Dokumentation zur Schifffahrt, zu den Werften an der Burger Au und den Häfen von Burg. Außerdem werden ein Kolonialwarenladen und

eine Landapotheke ausgestellt. Erst 2019 wurde das Museum umgebaut und modernisiert. Zu den Neuheiten zählt unter anderem der multimediale „Erlebnisraum Schifffahrt", auch das „Schiffer Café" des Museums wurde neu gestaltet. Als Kulturzentrum und Archiv des Burger Museums dient die vor dem Abriss bewahrte und sanierte **„Alte Räucherei"** (Meldorfer Straße 6).

Ditmarsium
Burger Apotheken-, Gewerbe- & Schifffahrtsmuseum
Große Mühlenstraße 6, 25712 Burg
www.ditmarsium.de

▶ Sehenswert

Die Ostseite des **Marktplatzes** mit der „königlich-privilegierten" alten Apotheke von 1839 und einem reetgedeckten niederdeutschen Fachhallenhaus aus dem 18. Jahrhundert. Der Baubeginn für die einschiffige **St. Petri-Kirche** wird auf die Mitte des 12. Jahrhunderts datiert.

Auf dem 66 Meter hohen Wulffsboom liegt das **Waldmuseum** mit seiner Ausstellung zur heimischen Tier-und Pflanzenwelt und einem 21 Meter hohen Aussichtsturm. Besucher haben von dort einen Ausblick über Dithmarschen bis hin zur Elbmündung. Der Naturerlebnisraum Burg bietet darüber hinaus einen Waldspielplatz, unterschiedliche Biotope und Waldtypen sowie eine Streuobstwiese.

www.burger-waldmuseum.de

Essen und Trinken

Burger Fährhaus
Hafenstraße 48, 25712 Burg
www.burger-faehrhaus.de
Auf der Kanalnordseite neben dem Fähranleger und mit Blick auf den Kanal.

●●● Abstecher

Dorf unter dem Meeresspiegel

Ein „Katzensprung" mit der Burger Fähre über den Kanal führt nach gut sieben Kilometern zur tiefsten Landstelle Deutschlands.

Markierung der tiefsten Landstelle Deutschlands.

Das 470-Einwohner-Dorf Neuendorf-Sachsenbande in der Wilstermarsch liegt unter dem Meeresspiegel. Genau gesagt: 3,54 Meter unter Normalnull. Ein acht Meter hoher Pfahl zeigt Tidenstände und Sturmfluthöhen und erläutert schon dadurch, dass das Land ohne Deiche vom Wasser längst verschluckt worden wäre.

www.tiefstelandstelle.de

Die Hochbrücke prägt die Gemeinde

Hochdonns Wahrzeichen ist die **Eisenbahnhochbrücke**. Wer mit der Bahn von Hamburg nach Husum und weiter nach Sylt fährt, blickt von oben auf die riesigen Getreidesilos und das Dorf von Hochdonn. Das 2,2 Kilometer lange Bauwerk prägt die vergleichsweise junge 1200-Einwohner-Gemeinde.

Denn auch wenn Siedlungsspuren bereits aus der Jungsteinzeit nachgewiesen sind, ein Hirte als erster Siedler der Neuzeit ließ sich erst im Jahr 1799 auf der „Hohen Düne" nieder, so die Bedeutung des Namens Hochdonn. Daran erinnert ein Denkmal am Dreeßenweg. Eine Fährstelle über die heute durch den Kanal mehrfach zertrennte Holstenau existierte bereits im 19. Jahrhundert. Doch erst der Kanalbau sorgte für Wachstum.

www.gemeinde-hochdonn.de

Präzisionsarbeit

Die Brücke bei Kanalkilometer 18,778 wurde aus 15 000 Tonnen Stahl im Zuge der ersten Kanalerweiterung 1915 bis 1920

Das Hochdonner Wahrzeichen ist die Eisenbahnhochbrücke.

Des Kaisers Brücken –
Bauwerke für die Ewigkeit

gebaut. Im Jahr 2006 erhielt sie in einer spektakulären Aktion ein neues Mittelteil: Mit Millimeter genauer Präzisionsarbeit wurde der 121 Meter lange, so genannte Schwebeträger, ausgewechselt.

▶ Sehenswert

Die **Mühle Aurora** auf der Kanalsüdseite direkt an der Hochbrücke stammt aus dem Jahr 1883; heute dient sie als Hochzeitsmühle. Im Jahr 1914 wurde das Reetdach der Mühle durch ein Hartdach er-

setzt, weil durch den Funkenflug der Dampflokomotiven auf der Hochbücke Feuergefahr bestand.

Zwischen Mühle und Hochbrücke mündet der **Geestrandkanal** in den Nord-Ostsee-Kanal. Er entwässert die angrenzenden Moor- und Marschgebiete.

Essen und Trinken
Fährhaus Hochdonn
Hauptstraße 133, 25712 Hochdonn
www.faehrhaus-hochdonn.de
Direkt am Kanal

▶ Entdecken und Erleben

Die feinsandige Badebucht **Klein-Westerland (Kanalnordseite)** neben dem Campingplatz ist die einzige Badestelle direkt am Nord-Ostsee-Kanal. Die Wasserqualität wird regelmäßig überprüft.

Die „Hochzeitsmühle" von Hochdonn.

Der einzige Badestrand am Kanal in „Klein-Westerland".

Die moderne Hochbrücke von Hohenhörn.

SCHAFSTEDT

Mit Torf nach Hamburg geschippert

Zwischen Schafstedt (Kanal-Nordseite) und Beldorf (Südseite) ist der Kanal tief in die Moränenlandschaft eingeschnitten. Bevor er hier das Bett der Holstenau übernahm, konnten die Schafstedter über die Au und die Stör die Elbe erreichen und mit ihren Frachtseglern Torf nach Hamburg transportieren.

Die Gemeinde führt ihren Namen einerseits auf die Schafherden, die einst hier grasten, zurück, verweist aber zugleich auf den Begriff „skafa" für Schiff.

Bei dem kleinen Ort, der mit seinen Reit-, Fahrrad- und Wanderwegen wirbt, pendelt die Fähre „Hohenhörn" über den Kanal; sie hält eine alte Wegverbindung nach Schenefeld im Kreis Steinburg aufrecht. Unmittelbar daneben erheben sich wuchtige Getreidesilos. Der 115 Meter lange **Hafenkai** wurde bereits 1885 während des Baus des Nord-Ostsee-Kanals angelegt.

Hochbrücke Hohenhörn

Mit der Bauzeit von 1985 bis 1989 gehört die Autobahnhochbrücke Hohenhörn zu den jüngeren Kanalquerungen und mit einer Länge von 390 Metern zu den kürzeren. 4 200 Tonnen Stahl wurden verbaut, um den Verkehr der Autobahn 23 (Hamburg-Heide) über den Kanal zu führen.

●●● Abstecher

Von Hohenhörn über den Kanal ist es nicht weit nach Wacken. Zum „Wacken Open Air" Anfang August pilgern seit mehr als 30 Jahren Fans von Hard Rock und Heavy Metal in die 2000-Einwohner-Gemeinde. Mittlerweile sind es jedes Jahr mehr als 85.000 Menschen.

Essen und Trinken

Kanal 33
Hohenhörner Str. 33, 25725 Schafstedt
www.kanal33.de
Café und Biergarten mit Kanalblick an der Fähre Hohenhörn (Nordseite), e-Bike Ladestation.

BORNHOLT

Zwei Treppen zum Kanal

Immerhin sechs Kilometer lang ist die Ortsdurchfahrt des 1450 zum ersten Mal erwähnten Dorfes Bornholt im Kreis Rendsburg-Eckernförde. Sie verbindet die Ortsteile Lütjenbornholt und Großenbornholt. Der Name bedeutet: Holz (plattdeutsch: Holt) an der Quelle.

Das Besondere an dem kleinen Dorf: Von der 27 Meter hohen Uferböschung blickt man auf große Pötte und kleine Schiffe sozusagen von oben herab. An dieser Stelle folgt der Kanal nahe der Geestkante der

Hier geht's abwärts – die Kanal-Treppen von Bornholt.

Holstenau und verläuft fast in Nord-Süd-Richtung. Bornholt liegt auf der Ostseite. Zwei Treppen (eine in Lütjenbornholt, die andere in Großbornholt) führen ans Wasser

hinunter. Der Logenplatz über dem Kanal ist vor allem bei Urlaubern beliebt. Im Sommer verdoppelt sich die Einwohnerzahl der 200-Einwohner-Gemeinde.

BELDORF

Wilhelm II. und die Grünentaler Hochbrücke

Im Jahr 1892 kam Kaiser Wilhelm II. zu Besuch: Die Grünentaler Hochbrücke (damals noch Grünenthal geschrieben) war bereits

vor der Kanaleröffnung fertiggestellt und wurde nun von Seiner Majestät höchstselbst eingeweiht. Gefrühstückt wurde eher bescheiden in einem der Häuser der Bauleitung in Beldorf. Von da an hieß die Siedlung aus Arbeiterbaracken und weni-

Ein bemerkenswertes Bauwerk, die alte Grünentaler Hochbrücke. Sie spannt sich über das Rinnsal, aus dem ein bedeutender Kanal wurde.

Die moderne, aber auch bedeutend weniger eindrucksvolle Grünentaler Brücke.

gen festen Häusern „Kaiserlicher Hof".
Ein anderer pittoresker Name ist bis heute erhalten: „Lütt Amerika". So nannte ein Bauer zwischen 1850 und 1855 seinen Hof. Seine beiden Brüder waren tatsächlich nach Amerika ausgewandert, und er gründete nun sein „Klein Amerika".

Die Brücke

Knapp hundert Jahre nach dem kaiserlichen Besuch wurde von 1983 bis 1986 eine neue Brücke gebaut und die alte Querung anschließend abgerissen, nicht zuletzt, weil der Kanal verbreitert wurde.

Das Gelände für den Bau der ersten Brücke lag zwar bereits 22 Meter über dem Kanalwasserspiegel, dennoch mussten damals zusätzlich Rampen aufgeschüttet werden, um auf die geplante Durchfahrthöhe von 42 Metern zu kommen. Im Bogen spannte sich die wilhelminische Brücke über den Kanal, die Widerlager an den beiden Kanalufern erhielten jeweils zwei Türme, was der Brücke ein monumentales Aussehen gab.

Die Pfeiler waren mit vier Kaiser-Adlern aus Sandsteinplatten geschmückt, jeder 4,33 Meter hoch und 2,10 Meter breit. Einer dieser Adler ziert heute ein als Aussichtsplattform erhaltenes altes Turmfundament am Nordufer, zwei Wappentiere wurden nach Brunsbüttel verfrachtet und das vierte zum 100. Kanaljubiläum 1995 als Denkmal in Hanerau-Hademarschen aufgestellt.

Die neue Brücke, eine wartungsarme Strebenfachwerk-Konstruktion, wurde am 16. Dezember 1986 eingeweiht. „Hühnerleiter" wird der moderne Zweckbau im Volksmund spöttisch genannt. Die Eisenbahn- und Straßenhochbrücke von Grünental ist 405 Meter lang.

Essen und Trinken
Beldorfer Mühle,
Café Kultur-Bistro
Dorfstraße 19, 25557 Beldorf
www.beldorfer-muehle.de

BUNSOH

Moorleiche und Schalenstein

Im Jahr 1890 entdeckten Torfarbeiter im Moor von Bunsoh Überreste einer menschlichen Leiche, die sie vorsichtig freilegten. Vor etwa 1400 Jahren war hier einem Menschen nicht nur brutal der Schädel eingeschlagen worden, sondern er wurde außerdem enthauptet. Ob der oder die Tote – das bleibt ungeklärt – ein Verbrecher oder ein Racheopfer war, lässt sich ebenfalls nicht mehr feststellen.

Grabhügel und Funde von Flintstein-Werkzeugen zeigen, dass die Endmoräne eines Eiszeitgletschers schon in der Jungsteinzeit (4300–2300 v. Chr.) als sicherer Wohnplatz galt. In Europa einzigartig ist das 1874 entdeckte **Ganggrab** mit einem 2500 Jahre alten **Schalenstein**, der als Deckstein diente. Er ist mit zahlreichen einzelnen Schälchen versehen, die vermutlich kultischen

Zeugnisse aus früher Zeit – die Schalensteine von Bunsoh.

Zwecken dienten. Außerdem finden sich neben flachen Rillen die Darstellung eines vierspeichigen Rades sowie die Bilder einer Hand und eines Fußes.

(Anfahrt: In Bunsoh dem Ziegeleiweg bis zum ausgeschilderten Parkplatz folgen, von dort etwa 200 Meter zu Fuß weiter).

Zwischen Bunsoh und Albersdorf liegt das 90-Einwohner-Dorf **Wennbüttel** auf der Nordseite des Kanals. Dort führt eine bereits 1877 errichtete Eisenbahnbrücke über die Gieselau. Die Eisenbahnlinie wurde mit dem Kanalbau verlegt und führt heute über die Grünentaler Hochbrücke. Die historische Brücke wurde restauriert und ist jetzt Teil eines Wanderwegs durch das Gieselau-Tal. In der Nähe erhebt sich ein Grabhügel der Bronzezeit.

 **Abstecher**

Steinzeit in Albersdorf

Vom geschichtsträchtigen Boden von Bunsoh ist es nur ein kurzer Ausflug (3 Kilometer) ins nahe **Albersdor**f mit seinem **Museum für Archäologie und Ökologie Dithmarschen**. Dort werden auch Funde aus dem Megalith-Grab von Bunsoh gezeigt. Daneben bietet der **Steinzeitpark Dithmarschen** als Freilicht-Museum rekonstruierte Geschichte. Auf dem 40 Hektar großen Freigelände mit Urzeit-Tieren erleben Besucher eine Kulturlandschaft der Zeit der ersten Ackerbauern und Viehzüchter Norddeutschlands vor rund 5000 Jah-

Der Steinzeitpark in Albersdorf.

ren. Im Steinzeitdorf sind 14 Gebäude nach den Erkenntnissen aus archäologischen Ausgrabungen rekonstruiert.

Museum für Archäologie und Ökologie Dithmarschen
Bahnhofstraße 29,
25767 Albersdorf
www.museum-albersdorf.de

Steinzeitpark Dithmarschen
Süderstraße 47,
25767 Albersdorf
www. steinzeitpark-dithmarschen.de

▶ Entdecken und Erleben

Bereits seit 60 Jahren existiert das **Quellenbad** von Bunsoh, das von natürlichen Quellen gespeist wird und ohne chemische Zusätze auskommt. Das Wasser fließt durch Vorwärmteiche ins Schwimmbecken.
www.quellenbad-bunsoh.de

Fähre an Land

Zwischen Brunsbüttel und Kiel pendeln 14 Fähren über den Kanal – seit Kaisers Zeiten ohne Gebühren. Anfangs wurden die Fähren durch Muskelkraft an Stahlseilen über den Kanal gezogen, doch schon nach der ersten Kanalerweiterung wurden sie durch Kettenfähren abgelöst, die mit einem Motor ausgestattet waren. Die letzte dieser Fähren wurde 1990 in Fischerhütte (Gemeinde Steenfeld, Kanalsüdseite) als technisches Denkmal neben dem Anleger für die Kanalfähre an Land gesetzt.

„Fischerhütte" (F 6005) ist ein Motorfährpram mit Kettenantrieb (23,5 Meter lang, 9,2 Meter breit mit einem Tiefgang von 0,7 Metern), das Schiff wurde 1950 auf der Rendsburger Werft Saatsee gebaut und nach 40 Jahren Jahren außer Dienst gestellt.

Essen und Trinken

Servicestation Fischerhütte
Hauptstraße 99,
25557 (Fischerhütte) Steenfeld
Direkt am NOK an der alten Kettenfähre Fischerhütte mit Blick aufs Wasser.

●●● Abstecher

Hier entstand der Schimmelreiter

Der Dichter **Theodor Storm** (1817–1888) scheint untrennbar mit Husum, seiner „grauen Stadt am Meer", verbunden zu sein. Doch als Alterswohnsitz wählte er die Gemeinde Hanerau-Hademarschen, nur wenige Kilometer vom heutigen Nord-Ostsee-Kanal entfernt. Storm lobte die schöne und anmutige Gegend Mittelholsteins. Außerdem lebte dort auch sein sechs Jahre jüngerer Bruder Johannes.

Das einzige Schiffs-Denkmal am Kanal – die Kettenfähre in Fischerhütte.

Erst in **Hanerau-Hademarschen** schrieb Storm 1888 sein wohl berühmtestes und zugleich letztes Werk, den „Schimmelreiter". Eine Statue am Friedhof und eine Plakette an seinem Wohnhaus erinnern an den berühmten Bürger des Orts, im Heimatmuseum ist ihm eine Storm-Stube gewidmet. Beigesetzt wurde Storm in Husum. Vier unterschiedliche Themenpfade führen durch die lange Geschichte des Ortes, deren Feldsteinkirche **St. Severin** bereits aus dem 12. Jahrhundert stammt. Die Gründung der „Burg Hanerau", Vorläufer des heutigen **Gutes Hanerau**, fällt ebenfalls in diese Zeit. Eine eher sportliche Herausforderung bietet ein Hochseilgarten.

> **Heimatmuseum Hanerau-Hademarschen**
> Im Kloster 12–12a
> 25557 Hanerau-Hademarschen
> www, hanerau-hademarschen.de

OFFENBÜTTEL

Paradies für Angler aus ganz Deutschland

Mehr als 800 Hektar groß war früher das Offenbütteler Moor. Außer der Weite einer grünen Landschaft und vieler Gräben, die sie durchziehen, ist wenig übrig geblieben. Allein während des Ersten Weltkriegs wurden von 1915 bis 1916 rund 1000 russische Kriegsgefangene eingesetzt, um 380 Hektar Moor trockenzulegen und für den Anbau von Getreide, Kohl und Kartoffeln zu kultivieren. Inzwischen ist das Moor jedoch Naturschutzgebiet, und Renaturierungsmaßnahmen laufen, um den Wasserstand wieder anzuheben. Von Thodes Bauernhofcafé aus werden Wandertouren und **Kutschfahrten ins Moor** angeboten (Weitere Infos: Anke Volkmann 04835-648).

1998 gründete sich der Angelverein „Kanalfreunde Offenbüttel" – mittlerweile hat er fast 600 Mitglieder in ganz Deutschland. www. kanalfreunde.com

Essen und Trinken

Thodes Bauernhofcafé
Heinkenstruck 1, 25767 Offenbüttel
Nicht direkt am Kanal, dafür aber das einzige Bauernhofcafe mit Privatflugfeld.

Zwischen Eider und Kanal

Im Norden begrenzt durch die Eider, im Westen teilweile durch den Gieselau-Kanal, erstreckt sich die 270-Einwohner-Gemeinde Oldenbüttel über beide Kanal-Ufer. Die Fähre Oldenbüttel verbindet die Ortsteile.

Essen und Trinken
Oldenbüttler Kanalkieker/
Landgasthof Gosch
Tackesdorfer Str. 2, 25557 Oldenbüttel
www.gasthaus-gosch.de
Kanalsüdseite an der Fähre Oldenbüttel mit direktem Blick auf den NOK.

Die Kanalfähre von Oldenbüttel.

Gieselau-Kanal
Die einzige Verbindung zur Eider

Die Gieselau war ursprünglich ein Nebenfluss der Eider. Durch den Nord-Ostsee-Kanal wurde sie zerschnitten. Der 1936/37 vom Reichsarbeitsdienst angelegte Kanal verbindet bei Kanalkilometer 40 den NOK mit der Untereider. Da die Eider auf einem niedrigeren Niveau liegt, wurde zur Regulierung der Pegelstände in der Mitte des 2,5 km langen Kanals eine Schleuse (70 Meter lange Kammer) mit Straßenklappbrücke errichtet.
Mit der Inbetriebnahme des Gieselau-Kanals hatte die Alte Schleuse in Rendsburg ihre Funktion verloren und wurde zugeschüttet. Sie hatte bis dahin Ober- und Un-

tereider verbunden. Jetzt ist der Gieselau-Kanal die einzige Verbindung zwischen Eider und Kanal und vor allem bei Sportschiffern sehr geschätzt. Doch die Zukunft der maroden Schleuse ist ungewiss, vor allem, da die Kosten für den Bund höher sind als die Einnahmen durch die Schleusung von Schiffen. Skipper und Tourismus-Experten setzen sich entschieden für den Erhalt ein.
Die Entwässerung der umliegenden Ländereien erfolgt über ein Schöpfwerk. Gleichzeitig mit dem Bau des Gieselau-Kanals entstanden am Verlauf der 188 Kilometer langen Eider das Sperrwerk Nordfeld und die Schleuse „Lexfähre". Das Sperrwerk Nordfeld verhinderte, dass Ebbe und Flut,

Die Straßenklappbrücke über den Gieselau-Kanal.

die durch die Kanalbau-Maßnahmen immer höher geworden war, zweimal am Tag bis Rendsburg kommen konnten. Die Zwischenabdämmung bei Lexfähre sollte für gleichmäßig hohe Wasserstände zwischen Nordfeld und Rendsburg sorgen.

HAALER AU

Rastplatz für Zwergschwäne

Ein einzigartiges Vogelschutzgebiet ist auf der Südseite des Kanals das Mündungsgebiet der Haaler Au mit seinen Poldern und offenen Wiesenflächen. Die Au-Niederung ist ein wichtiger Rastplatz der Zwergschwäne auf ihrem Weg vom nördlichen Russland in die Winterquartiere an der Nordsee und zurück in die Tundren Eurasiens. Bedrohte Vogelarten wie Kiebitze, Uferschnepfen oder auch Feldlerchen brüten auf den Wie-

40

senfläche des knapp 1000 Hektar großen Vogelschutzgebietes.

Überlegungen bestehen, die Restflächen des zwischen 1900 und 1924 kultivierten Reitmoores wieder zu vernässen, damit erneut ein Hochmoor wachsen kann.

Die kleine 70-Einwohner-Gemeinde **Tackesdorf** entstand erst mit der Urbarmachung dieses Moores, nachdem zuvor bereits der Bau des Nord-Ostsee-Kanals das Moor durchschnitten und den Wasserhaus-

halt verändert hatte. Wesentlicher Initiator war der nordrhein-westfälische Moorforscher und Bodenkundler Bruno Tacke (1861–1942), dem die Gemeinde auch ihren Namen verdankt.

 ### Entdecken und Erleben

Die NOK-Fahrradroute führt teilweise am Rand des Vogelschutzgebiets entlang.

BREIHOLZ

Die Hälfte der Passage ist geschafft

In Breiholz ist Halbzeit für die Schiffe, die den Kanal passieren. Das muss sogar penibel in den Schiffstagebüchern vermerkt werden.

Schifffahrt hat den kleinen Ort von jeher geprägt. Schon im Mittelalter entwickelte sich an einer Fluss-Schleife der Eider ein Hafen. Mit dem Bau des Eiderkanals 1784 und der anschließenden Zunahme des Schiffsverkehrs stieg auch die Bedeutung des Breiholzer Hafens weiter an. Damals wurde die Eiderschleife durch einen Durchstich begradigt, das erleichterte den Kapitänen der Segelschiffe die Fahrt. Zugleich entstand damit eine Insel, wegen ihres fruchtbaren Bo-

Im Sommer gut „gebucht" – die Breiholzer Kanalfähre.

dens „Rohmpott" (hochdeutsch: Rahm-topf) genannt.

Der Bau des Nord-Ostsee-Kanals veränder-te den alten Hafenort grundlegend. Er trennte nicht nur das Dorf Breiholz vom südlich gelegenen Ortsteil Meckelmoor, sondern veränderte auch den Wasserstand; die alte Eiderschleife ist fast vollständig ver-landet. Die Kanalfähre verbindet die beiden Ortsteile von Breiholz.

 ## Entdecken und Erleben

Wer ab der Fähre zwei Kilometer westwärts wandert, trifft auf eine kreisrunde Aus-buchtung des Kanals. Zusätzlich zu den an-deren Ausweichstellen wurde diese **Wei-che** mit 340 Metern Wasserspiegelbreite als eine von insgesamt vier beim ersten Ka-nal-Ausbau auf Wunsch der kaiserlichen Marine angelegt. Ein Flottenverband sollte dort im Notfall schnell wenden und zu sei-nem Ausgangspunkt zurückfahren können. Die **Breiholzer Badestelle** befindet sich nur 1,5 Kilometer vom Kanal entfernt an der idyllischen Eider.

Essen und Trinken
Breiholzer Fährkombüse
Café und Biergarten
Meckelmoor 10,
24797 Breiholz
Direkt am Fähranleger auf der
Südseite

Café Restaurant Flora im Hotel Fauna (Südseite)
Meckelmoor 3b,
24797 Breiholz
www.rest-flora.de
Blick auf den NOK

Restaurant und Café Bootsmann
Fährstraße 1,
24797 Breiholz
www.bootsmann-lodge.de
Nördlich des Kanals unmittelbar an der Eider; angeschlossen ist ein Campingplatz, wo auch Hausboote vermietet werden.

SCHACHTHOLM/HÖRSTEN

Rundflüge über den Kanal

Auf einer kleinen Geestinsel inmitten einstmals feuchter Niederungen entstand das Dorf Hörsten. Mit 50 Einwohnern zählt es heute zu den kleinsten Gemeinden entlang des Kanals, auch dieser Ort wird durch den NOK in zwei Teile geschnitten. Auf der Südseite liegt seit 1960 der Flugplatz Schachtholm, angelegt auf sandigen Spülflächen des Kanals. Von hier aus kann man zu Rundflügen über Schleswig-Holstein und den Kanal starten, daneben sind in Schachtholm auch zwei Flugschulen beheimatet.

Etwa 300 Meter entfernt vom Flugplatz befindet sich ein Wohnmobil-Stellplatz – natürlich mit Kanal-Blick.

Essen und Trinken

Batos Himmelsstürmer (Südseite)
Schachtholm 1,
24797 Hörsten
www.batos-kiel.de
Café-Restaurant mit Blick sowohl auf den Kanal wie auf den Flugplatz.

Nicht immer nur Schiffe – von Schachtholm aus kann man zu Rundflügen starten.

SCHÜLP BEI RENDSBURG

Bis zum Kanalbau liefen hier Schiffe vom Stapel

Nur noch die Werftstraße deutet darauf hin, dass Schülp (Südseite) bis zum Bau des Nord-Ostsee-Kanals eine florierende Werftindustrie besaß. Schließlich lag der Ort – einer von drei gleichen Namens in Schleswig-Holstein – einst unmittelbar an der Eider. Sie ist heute nördlich des Kanals in einem schmalen Flussbett eingeschnürt, und Schülp erinnert nur noch in seinem Wappen an die alten Zeiten: Ein Schiff auf der Helling, darunter das geschlängelte Band der Eider, die gerade Linie des Kanals und schließlich die Binnendünen, die die Landschaft prägen.

An einem Eiderbogen lag die mit Steinen befestigte Mole der Ladestelle Schülp. Doch mit dem Bau des Eiderkanals wurde

Eine der Kanal-Weichen für die dicken „Pötte".

Aus einem Kanal-Findling wurde der „Moltke-Stein" geschaffen.

eine Schlacht mit den vereint kämpfenden Dänen und Dithmarschern geliefert haben. Der Graf siegte.

Bis zur Kanalverbreiterung 1973 pendelte in Rüsterbergen noch eine Kettenfähre über den Kanal. Wer jetzt von Schülp zum noch auf Gemeindegebiet liegenden **Moltkestein** auf der Nordseite möchte, muss weite Umwege in Kauf nehmen und entweder durch den Rendsburger Kanaltunnel oder über die Breiholzer Fähre fahren. Der Moltkestein, ein 15 Tonnen schwerer Granitfindling, erinnert an einen Baustättenbesuch von Kaiser Wilhelm II.

Generalfeldmarschall von Moltke.

auch hier die Eider zugunsten der Schifffahrt begradigt, die Ladestelle fiel trocken. Grundlegender noch als der Eiderkanal veränderte der Bau des Nord-Ostsee-Kanals die Landschaft. Ein Schild am Südrand des Dorfes auf dem Weg zum Kanalanleger verweist auf Schülps maritime Vergangenheit.

Als „Scullebi" wurde der Ort an einer Furt des Ochsenwegs über die Eider Ende des 12. Jahrhunderts zum ersten Mal erwähnt. Im Jahr 1149 soll sich hier der holsteinische Graf Adolf II. aus dem Haus Schauenburg

Die Lotsenstation Rüsterbergen.

mit Generalfeldmarschall Helmuth von Moltke am 6. April 1891.

Auf dem Friedhof von Schülp, 1712 als Pestfriedhof angelegt, wurden auch Todesopfer des Kanalbaus beigesetzt.

 **Sehenswert**

Wechsel bei Kanalkilometer 55

Rüsterbergen heißt eine Binnendüne, nach ihr wurde die Lotsenstation zwischen Schülp und dem Flugplatz Schachtholm benannt. Die Lotsen, die in Brunsbüttel oder Holtenau an Bord der Schiffe gegangen sind, werden dort abgelöst. 1995 wurde die heutige Lotsenstation eingeweiht. Immer wieder faszinierend: Die Revier-erfahrenen Berater des Kapitäns werden von der Lotsenstation mit dem Lotsenversetzboot „Schülp" zu den großen „Pötten" gefahren. Sie gehen an Bord oder werden abgeholt, während das Schiff weiterfährt. (Alte Lotsenstation: siehe Nübbel.)

Eine **alte Kate** aus der Zeit um 1750 in der Nachbarschaft des „Schülper Kroogs" wurde vom Schülper Heimatverein liebevoll restauriert. Sie beherbergt jetzt eine kleine Ausstellung und dient als Versammlungsraum, auch für Lesungen, außerdem als Außenstelle des Standesamtes Jevenstedt. Eine benachbarte Scheune soll weitere Exponate aufnehmen. (Geöffnet nach telefonischer Voranmeldung; Otto Schneider 04331/89 394.)

Entdecken und Erleben

Bis Nübbel (Kanalnordseite) fließen NOK und die durch den Kanalbau stark veränderte Eider nur durch einen Damm getrennt nebeneinander her – ein Tipp für eine Wanderung zwischen stiller Natur auf der einen Seite und regem Schiffsverkehr auf der anderen.

Essen und Trinken
Schülper Kroog
Schmiedestraße 1, 24813 Schülp
www.schuelperkroog.de
200 Meter vom NOK

NÜBBEL

Segelschiffe für die Eider

Rund 300 Jahre lang wurden in Nübbel Schiffe gebaut, bis zu sieben Werften waren in dem Dorf am Nordufer der Eider einst ansässig: Eiderschniggen, etwa 14 bis 15 Meter lange Frachtsegler mit ein bis zwei Masten und Seitenschwertern liefen in Nübbel vom Stapel oder auch die etwas größeren Eidergalioten. Mit dem letzten Stapellauf im Jahr 1913 war Schluss. Die Schifffahrt hatte sich verändert, und der Bau des Nord-Ostsee-Kanals hatte der Eider buchstäblich das Wasser abgegraben.

Heute ist das 1331 als „Nubile" (Erhöhung) erwähnte Dorf ein bei Einheimischen wie Urlaubern beliebtes ruhiges Dorfidyll. Zu erreichen ist es nur von Norden aus über Fockbek.

Hundert Jahre lang gingen Lotsen und Kanalsteuerer von der **Lotsenstation Nübbel** aus an Bord der Schiffe, die von der Ost- in die Nordsee wollten oder umgekehrt. Dann wurde die neue Lotsenstation Rüsterbergen

Lotsenwechsel bei Rüsterbergen.

Die Windmühle Anna.

wurde zu Wohnungen und Ferienwohnungen umgebaut. Daneben steht die in kaiserzeitlichem Baustil errichtete ehemalige Villa des Leiters der Lotsenstation.

 Sehenswert

Die 1904/1905 errichtete **Windmühle Anna** ist nicht nur Wahrzeichen von Nübbel, sie beherbergt auch das Museum der Gemeinde, unter anderem mit Informationen zum Holzschiffbau. Die Mühle befindet sich im Besitz einer Stiftung, die sich für den Fortbestand des Denkmals einsetzt.
Geöffnet sind Mühle und Museum nur für Führungen und Veranstaltungen.

Heimatmuseum und Museumsschmiede
Dorfstraße 2, 24809 Nübbel
www.stiftung-muehle-anna.de

in Schülp auf der Südseite des Kanals eingeweiht. Auch die alte Lotsenstation, in mehreren Etappen ab 1895 gebaut, befindet sich eigentlich auf Schülper Gebiet. Sie

WESTERRÖNFELD

Wohnen mit Blick auf Traumschiffe

Das Bauern- und Fischerdorf „Westerronnevelde" (Feld westlich der Rinne) entwickelte sich im 15. Jahrhundert auf einer

Binnendüne nahe einer Furt durch die Eider. Mit der Rinne war das Flüsschen Wehrau gemeint, das damals noch in die Eider mündete. Heute endet es im Kanal. Die Bezeichnung „Hafenstraße" stammt noch aus jenen Zeiten, als Westerrönfeld dicht am Fluss lag. Der Bau des Nord-Ostsee-Kanals trennte das Dorf von der Eider und damit auch von dem Hof Hoheluft am Nordufer des Flusses; 1928 wurde er an Rendsburg abgetreten und ist heute ein Wohngebiet.

Westerrönfelds Schicksal war schon immer eng mit Rendsburg verknüpft: Ob während des Dreißigjährigen Kriegs, als die schwedischen Belagerer die Gemeinde plünderten oder während der Napoleonischen Kriege, als im Winter 1813 die **Wehrau** südlich der Festung aufgestaut wurde, um ein Vordringen feindlicher Truppen zu verhindern. Der Trick damals: Als das Eis gefroren war, wurde das Wasser wieder abgelassen, so dass Hohlflächen entstanden, und mögliche Angreifer eingesunken wären.

Heute ist Westerrönfeld eine beliebte Wohngemeinde, besonders begehrt sind Grundstücke mit Blick auf Traumschiffe und große Frachter. Wenige Häuser erinnern noch an die landwirtschaftliche Vergangenheit, so zum Beispiel das Haus Schmiedestraße 18 aus der Zeit um 1750 (Privatbesitz).

An der Itzehoer Chaussee endet das Westerrönfelder Gemeindegebiet. Von Osterrönfeld wird es getrennt durch ein etwa einen Kilometer langes Areal der Stadt Rendsburg. Hier lagen früher die **Neuwerker Gärten**. Sie wurden nach der Erweiterung der Rendsburger Festung ab 1698 zur Versorgung der Bürger von Neuwerk mit Obst und Gemüse (siehe Rendsburg) angelegt.

 ## Sehenswert

Die jüdische Gemeinde im Rendsburger Stadtteil Neuwerk besaß seit 1695 einen eigenen Friedhof auf Westerrönfelder Gebiet. Die Gräber des 18. bis 20. Jahrhunderts sind erhalten geblieben; die letzte Beisetzung erfolgte 1937. Zufahrt über die Itzehoer Chaussee

 ## Entdecken und Erleben

Westerrönfelds **Naturbad mit Kanalblick** direkt über dem Autotunnel unter dem Kanal: Während der Bauzeit des Tunnels 1957–1961 diente der heutige Badesee als Baugrube für die Einzelsegmente. Das Freibad mit Seerosen, Liegewiese und Sprungturm, aber ohne Chlor erfreut sich inzwischen seit mehr als 50 Jahren großer Beliebtheit; der Eintritt ist frei. Sogar ein kleiner Sandstrand wurde aufgeschüttet.

Naturbad mit Kanalblick
Meesdiek 4,
24784 Westerrönfeld

Essen und Trinken
Hotel Schützenheim
Itzehoer Chaussee 2,
24784 Westerrönfeld
www.schollers-schuetzenheim.de
Am Fußgängertunnel (Südseite), zum Teil Sicht auf den Kanal, Biergarten

Im Frühjahr fahren die Frachter durch strahlend gelbe Rapsfelder am Kanal.

VON „ABMESSUNGEN" BIS „ZOLL" – KANAL-WISSEN IN STICHWORTEN

A Abmessungen

Der Nord-Ostsee-Kanal ist mit rund 30.000 Schiffspassagen pro Jahr die meistbefahrene künstliche Wasserstraße der Welt. Er ist 98,637 Kilometer lang. Im Westen führt er durch die bis zu drei Meter tiefer liegende Marsch, durchschneidet dann einen 25 Meter hohen Geestrücken. Anschließend macht er sich die Eiderniederung zunutze, bevor er das östliche Hügelland und Kiel erreicht. Die Breite im Wasserspiegel beträgt zum Teil 162 Meter, die Wassertiefe elf Meter (Mehr unter Q wie Querschnitt).

B Bau

Zwischen 1887 und 1895 wurde der Nord-Ostsee-Kanal gebaut. Erst bei seiner Einweihung am 21. Juni 1895 wurde er zu Ehren von Kaiser Wilhelm I. in „Kaiser-Wilhelm-Kanal" umbenannt. Seit 1945 heißt er wieder Nord-Ostsee-Kanal, international bekannt ist er als „Kiel Canal".

Die Baukosten betrugen 156 Millionen Mark – 56 Mark mehr als veranschlagt, was der Rechnungshof damals natürlich monierte. Die erste Kanalerweiterung zwischen 1907 und 1014 verschlang dann weitere 242 Millionen Mark.

B Brücken

Zehn Brücken queren den Kanal zwischen Brunsbüttel und Holtenau. Die ältesten erhaltenen entstanden bereits mit dem Kanalbau, bzw. dem ersten Ausbau der Wasserstraße vor dem Ersten Weltkrieg. Es sind die alte Brücke von

Levensau (Baujahre 1893/94), sie soll bis 2024 durch einen Neubau ersetzt werden, die Eisenbahnhochbrücke von Rendsburg (Baujahre 1911–1913) und die Eisenbahnhochbrücke von Hochdonn (1915–1920). Die 2,6 Kilometer lange Rendsburger Eisenbahnhochbrücke galt bei ihrer Einweihung als das größte Stahlbauwerk der Welt. Die erst 1972 fertiggestellte Rader Autobahnhochbrücke soll bis 2026 durch einen Neubau ersetzt werden. Alle Brücken überspannen den Nord-Ostsee-Kanal in einer Höhe von 42 Metern.

C Container

Vor gut 50 Jahren tauchten die stählernen Kästen zum ersten Mal in deutschen Häfen auf. Die Boxen revolutionierten die Handelsschifffahrt. Statt Stückgut wurden ab Ende der 1960er Jahre zunehmend die praktischen und stapelbaren Container transportiert. Ihre Maße sind standardisiert: Ein 40-Fuß-Container ist 12,192 Meter lang, die kleinere 20-Fuß-Variante nur 6,058 Meter, so dass

zwei davon wieder genau 40 Fuß ergeben. „TEU" wurde zu einer neuen Maßeinheit für die Bezeichnung der Ladekapazitäten von Schiffen. Die drei Buchstaben stehen für „Twenty Food Equivalent Unit", ihre Zahl gibt an, wie viele solcher Container ein Schiff laden kann. Ein durchschnittliches Feederschiff im Kanal mit 1000 TEU kann bis zu 500 LKW-Fahrten ersetzen.

D Dalben

Vor allem in den Weichen fallen die in den Grund gerammten Pfähle und Pfahlgruppen auf. Bestanden sie früher ausschließlich aus langen Holzstämmen, so wird heute eher Stahl verwendet.

An den Dalben können wartende Schiffe bei Bedarf festmachen. Jeweils der erste und der letzte Dalben in den Kanalweichen sind beleuchtet.

E Eider

188 Kilometer lang war Schleswig-Holsteins größter Fluss ursprünglich, nach den Regulierungen und Veränderungen der Vergangenheit sind es nur noch 108 Kilometer. Die Eider gilt auch als Schicksalsstrom des Landes. Im Jahr 808 wird sie erstmals als Grenzfluss in den Fränkischen Reichsannalen erwähnt, sie war Nordgrenze des Heiligen Römischen Reiches und trennte das Herzogtum Schleswig als dänisches Lehen vom Herzogtum Holstein als Teil des römisch-deutschen Kaiserreichs. In den nationalen Auseinandersetzungen des 19. Jahrhunderts spielte die Eidergrenze eine heiß umstrittene Rolle.

Entwässerungen, Deichbau und Absperrungen sorgten in den vergangenen 400 Jahren für tiefgreifende Veränderungen des Flusses, zuletzt die Eiderabdämmung bei Nordfeld im Jahr 1936 und als größte Maßnahme das Sperrwerk von 1973 in der Eidermündung. Zusammen mit ihren Nebenflüssen umfasst die Eider ein Einzugsgebiet von fast 3300 Quadratkilometern. Das Quellgebiet liegt zwischen Klein Buchwald (Kreis Plön) und dem Gut Schönhagen, als „Dröge Eider" fließt sie dann in den Bothkamper See. Kurz vor Kiel versperrt eine Endmoräne, der Hornumer Riegel, der Eider den Weg in die Ostsee, von Schulensee aus knickt sie deshalb Richtung Westensee ab, fließt durch den See und danach nordwärts, bevor sie nach Westen abbiegt. In Rendsburg ist der Fluss in Ober- und Untereider geteilt. Der Nord-Ostsee-Kanal nutzt teilweise das Flussbett wie auch bereits der 1784 eröffnete Schleswig-Holsteinische Kanal, später Eiderkanal genannt.

Fähren

Das Besondere am Fährverkehr über den Kanal: Weil die künstliche Wasserstraße alte Straßenverbindungen zerriss und Dörfer teilte, ist das Übersetzen seit Kaisers Zeiten kostenfrei. Insgesamt 5,4 Millionen Fahrgäste nutzen pro Jahr diese Möglichkeit, außerdem transportieren die 14 Fähren rund 3,7 Millionen PKW.

Bis auf die Holtenauer Fußgängerfähre (6.30 bis 22 Uhr, an Wochenenden und Feiertagen 9.30 bis 22 Uhr) und die Verbindung bei Fischerhütte (Fährbetrieb 6 bis 22 Uhr) sind alle Fähren rund um die Uhr im Einsatz, in Brunsbüttel und Rendsburg-Nobiskrug während der verkehrsintensiven Zeiten tagsüber sogar mit jeweils zwei Schiffen.

Feeder

Die mittelgroßen Container-Frachter im Kanal sind meist „Feeder" (abgeleitet vom englischen Verb „to feed" für füttern, versorgen): Sie verrichten Zubringerdienste und transportieren Container von den großen Schiffen in den Überseehäfen wie zum Beispiel Hamburg oder Rotterdam

in die kleineren Häfen rund um die Ostsee – und natürlich auch umgekehrt. Bis zu 150 Feeder-Schiffe verlassen pro Woche den Hamburger Hafen Richtung Ostseeraum.

Feste am Kanal

Einmal im Jahr wird auf dem Kanal gerudert: Wenn im September die Achter zum „SH Netz Cup" (früher E.ON Hanse-Cup) an den Start gehen, haben Traumschiffe und Frachter Pause. Im **härtesten Rudermarathon der Welt** messen sich seit

Brunsbüttel. Etwa 30 000 Besucher unterstützen das Fackellicht durch eigene Kerzen und Laternen und schaffen so eine einzigartige Atmosphäre. Dazu kommen Veranstaltungen in einer Reihe von Kanalorten: In Fischerhütte dreht die Fähre Pirouetten auf dem Kanal, Brunsbüttel feiert unter anderem mit einer Lasershow, in Rendsburg wird an der Hochbrücke und in Kiel am Tiessenkai gefeiert.
www.nok-romantica

rund 20 Jahren der Deutschland-Achter sowie Olympia-Sieger oder Weltmeister unter anderem aus den USA, den Niederlanden und Großbritannien. 12,7 Kilometer sind auf dem Kanal zurückzulegen: Der Startschuss fällt in **Breiholz**, das Ziel ist die **Eisenbahnhochbrücke** in Rendsburg.
Daneben treten Freiwillige Feuerwehren zum „Feuerdrachen-Cup" an, und auch Schülermannschaften zeigen, was sie draufhaben. Am Rendsburger Kreishafen wartet ein buntes Unterhaltungsprogramm.
www.shnetzcup.de

Romantisches Lichterfest am Nord-Ostsee-Kanal: Seit ihrem Start im Jahr 2007 hat sich die NOK-Romantika zum größten Lichterfest Schleswig-Holsteins entwickelt und ist dennoch immer noch ein echter Geheimtipp. Jeweils am ersten Sonnabend im September erstreckt sich eine Lichterkette entlang des Kanals zwischen Kiel und

G Geschwindigkeit

Für die größten für den Kanal zugelassenen Schiffe (235 Meter) und für Schiffe mit einem Tiefgang von mehr als 8,5 Metern beträgt die zulässige Höchstgeschwindigkeit zwölf Kilometer in der Stunde, das sind 6,5 Seemeilen. Für alle übrigen Schiffe gelten 15 Kilometer/Stunde, das heißt 8,1 Knoten (Seemeilen pro Stunde). Eine Kanalpassage dauert je nach Verkehrsdichte und Schiffsgröße zwischen 6,5 und 8,5 Stunden.

H Hotel

Im internationalen Flaggenalphabet steht die weiß-rot senkrecht geteilte Flagge für den Buchstaben „H", beim mündlichen Buchstabieren als „Hotel" gesprochen. In der Schifffahrt signalisiert die Flagge: „Ich habe einen Lotsen an Bord".

K Kilometer

In der Seefahrt wird in Seemeilen (1,852 Kilometer) gerechnet – nur der Kanal ist in Kilometer eingeteilt – von Null in Brunsbüttel bis 98,637 in Holtenau. Ansporn und Orientierung für Jogger und Spaziergänger: Die Pfähle für die Kanalbeleuchtung stehen stets exakt 250 Meter auseinander.

J Jakobsleiter

Nach der biblischen Himmelsleiter des Alten Testaments werden meist alle Strickleitern kurzerhand als „Jakobsleiter" bezeichnet. Die „Lotsenleitern" (Pilot ladder), über die die Lotsen im Nord-Ostsee-Kanal an Bord der Schiffe klettern, weisen jedoch spezielle Besonderheiten auf: Sie haben mehrere überlange Sprossen, die verhindern sollen, dass sich die Leitern verdrehen.

L Lotsen und Kanalsteuerer

An der Lotsenstation Rüsterbergen (Gemeinde Schülp) bei Kanalkilometer 55 wird gewechselt. Der Lotse, der jeweils in Brunsbüttel oder Kiel an Bord gekommen ist, verlässt die Brücke, ein neuer klettert vom Versetzboot an Bord – immer in Fahrtrichtung rechts (Steuerbord) und ohne, dass das Schiff seine Fahrt verringert. Lotsen sind erfahrene Kapitäne mit dem höchsten Patent, juristisch fungieren sie als Berater des Kapitäns. Als Fachleute mit genauer Revierkenntnis haben sie in der Praxis jedoch das Sagen auf der Brücke.

Eine Besonderheit auf dem Nord-Ostsee-Kanal sind die Kanalsteurer. Ab einer Schiffslänge von hundert Metern muss zusätzlich zum Lotsen ein Kanalsteurer an Bord sein, bei noch größeren Schiffen sind es sogar zwei. In den ersten Jahren nach der Kanaleröffnung kam es nämlich aufgrund der besonderen Bedingungen in dem engen Fahrwasser wie zum Beispiel Sog und Schwell bei Schiffsbegegnungen und der Wechselwirkungen zwischen Uferböschung und Schiff vor allem in engen Kurven zu zahlreichen Unfällen, so dass Schiffe seit rund hundert Jahren verpflichtet sind, einen kundigen Kanalsteurer als Steuermann an Bord zu nehmen.

Lotsen sind in Bruderschaften als Körperschaften des Öffentlichen Rechts organisiert, für den Kanal sind es die Lotsenbruderschaft NOK I (Brunsbüttel) und NOK II (Kiel, Lübeck, Flensburg), die Kanalsteurer in einem 1918 gegründeten Verein.

M Modernisierung

Die Schiffe im Nord-Ostsee-Kanal werden immer größer. Dazu kommt, dass die Wasserstraße in die Jahre gekommen ist und modernisiert werden muss: Zu den anstehenden Baumaßnahmen gehören der Neubau der fünften Schleusenkammer in Brunsbüttel und die Grundinstandsetzung mindestens einer der dortigen großen Schleusenkammern, die Verbreiterung der Kanal-Oststrecke, der Ersatz der über 100 Jahre alten Levensauer Hochbrücke, der Ersatzbau der kleinen Schleuse in Kiel-Holtenau. Dazu kommen noch „Kleinigkeiten" wie die Überholung der Eisenbahnhochbrücke in Hochdonn. Daneben läuft die Sanierung des Rendsburger Auto-Kanaltunnels.

Bis der letzte Hammerschlag getan sein wird, be

und bedeutet „Nein". Im Kanal zeigt die Flagge einen Freifahrer an, ein Schiff, das ohne Lotsen unterwegs sein darf. Das sind kleine Fahrzeuge der Verkehrsgruppe eins oder auch der Verkehrsgruppen zwei und drei, deren Schiffsführer zuvor eine Prüfung abgelegt haben. (Siehe auch unter V – wie Verkehrsgruppen.)

finden wir uns Anfang der 2030er Jahre. Danach wird es mit der Vertiefung des Nord-Ostsee-Kanals um einen Meter auf gesamter Länge und mit der Grundinstandsetzung der großen Schleusen in Kiel weitergehen. Es gibt also viel zu tun in den nächsten Jahren, um den Kanal für die Zukunft fit zu machen. Insgesamt werden in die Projekte am Nord-Ostsee-Kanal mindestens zwei Milliarden Euro investiert.

O Mann über Bord

Die diagonal geteilte gelb-rote Flagge steht im Flaggenalphabet für den Buchstaben „O" (gesprochen: Oscar) und signalisiert: „Mann über Bord".

N November

Die blau-weiß-karierte Flagge ist nicht mit den Rauten der bayerischen Flagge verwandt, sie steht im internationalen Flaggenalphabet für den Buchstaben „N", gesprochen „November",

P Panama- und Suez-Kanal

Den **Panama-Kanal** als Verbindung zwischen Atlantik und Pazifik nutzen jedes Jahr etwa 15 000 Schiffe, etwa halb so viele wie den Nord-Ostsee-Kanal. Die 81,6 Kilometer lange Wasserstraße wurde zwischen 1906 und 1914 gebaut, zwölf Stunden dauert die Passage, bei der in sechs Schleusungen 26 Meter Höhenunterschied überwunden werden müssen. Befahren werden kann der Panama-Kanal seit seinem jüngsten Ausbau von Schiffen bis zu 366 Metern Länge und 15,2 Metern Tiefgang. Zum Vergleich der **Suezkanal** (1869 eröffnet): Er ist 163 Kilometer lang, wird von etwa 18.000 Schiffen pro Jahr mit einem Tiefgang von bis zu 20 Metern und unbegrenzter Länge befahren. Acht bis zehn Prozent des Welthandels werden über den schleusenlosen Meerwasserkanal transportiert, der den rund 4 500 Seemeilen langen Weg um Afrika herum erspart.

Q Querschnitt

Im Laufe der vergangenen 125 Jahre wurde der Kanal dreimal verbreitert. Bei seiner Eröffnung 1895 hatte er nur eine Sohlenbreite von 22 Metern und von 66,7 Metern an der Wasseroberfläche (Tiefe neun Meter). 1914 erfolgte der erste Ausbau auf 102,5 Meter, die Sohlenbreite wuchs auf 44 Meter und die Tiefe auf elf Meter. Nach dem Ausbau von 1966 erreicht der Kanal zwischen Brunsbüttel und Königsförde eine Breite von 162 Metern, die Sohle noch 90 Meter. Die Oststrecke bis Kiel blieb damals auf dem Stand von 1914.

R Reede

Sowohl vor Brunsbüttel wie vor Holtenau müssen Schiffe manchmal warten, bis die Schleusen wieder frei sind. In der Zeit liegen sie auf Reede, das heißt, sie machen nicht im Hafen oder an Dalben fest, sondern bleiben in einem extra ausgewiesenen Teil der Wasserstraße.

S Schleusen

In Brunsbüttel und in Kiel-Holtenau schließen die Schleusen den Kanal gegen die wechselnden Wasserstände der Nord- und Ostsee ab. Ist der Wasserstand in Kiel vor allem vom Wind abhängig, unterliegen die Nordsee und die Elbe dem stärkeren Einfluss der Gezeiten. Entsprechend dauert die Schleusung in Brunsbüttel auch

länger, in Kiel sind es durchschnittlich 20 Minuten Außerdem münden 22 Flüsse und Bäche im Nord-Ostsee-Kanal. Ihre Wassermassen werden bei Niedrigwasser ebenfalls über die Schleusen abgeleitet.

T Tunnel

Zwei Tunnel führen in Rendsburg unter dem Kanal hindurch: Der 1 278 Meter lange Autotunnel wurde von 1957 bis 1961 gebaut, von 1962 bis 1965 folgte östlich davon ein 130 Meter langer Fußgängertunnel.

U Umweg

Die Kanalpassage erspart Schiffen einen Umweg von rund 250 Seemeilen (463 Kilometer). So viel länger ist der Weg von der Ostsee in die Nordsee – oder umgekehrt – um das dänische Skagen herum.

V Verkehrslenkung/Verkehrsgruppen

Im Kanal wird stets bis sechs gezählt. Das heißt: Schiffe werden entsprechend ihrer Größe in unterschiedliche Verkehrsgruppen von eins bis sechs ein-

Lichtern, die übereinander angeordnet sind. Drei Reihen roter Lichter bedeutet: Stopp für alle, kein Schiff darf die Weiche verlassen. Eine Reihe „rot" über zwei Reihen „weiß": Stopp für Fahrzeuge der Verkehrsgruppe sechs.

Y Yachten

Rund 14 000 Segel- und Motoryachten passieren jedes Jahr den Nord-Ostsee-Kanal. Besonders Nordsee-Segler lockt die Aussicht auf eine

geteilt. Und wenn sich zwei Schiffe begegnen, darf die Summe ihrer Größeneinteilung nicht mehr als sechs ergeben, auf der Weststrecke unter Umständen bis zu acht. Für die Steuerung der Schifffahrt im Kanal ist die Verkehrszentrale in Brunsbüttel zuständig. Sie regelt auch, dass Schiffe in den Weichen warten müssen, wenn große Pötte keinen Begegnungsverkehr mehr zulassen.

W Weichen

Die zwölf Weichen sorgen dafür, dass größere Schiffe gefahrlos aneinander vorbeifahren können. Wer warten muss und wer fahren darf, das regeln Lichtsignale, die von der Verkehrszentrale geschaltet werden. Diese Ampeln für Schiffe bestehen aus einer Kombination aus roten und weißen

Sommer-Saison ohne Rücksicht auf den Gezeiten-Kalender. Im Unterschied zu den großen Schiffen dürfen Sportboote den Kanal jedoch nur bei Tageslicht benutzen, die Zeiten sind von der Wasser- und Schifffahrtsverwaltung genau geregelt. So gilt Mitte Juli beispielsweise eine erlaubte Fahrzeit von drei Uhr morgens bis 21.30 Uhr.

Z Zoll

Der dreieckige weiße Wimpel mit dem waagerechten schwarzen Balken ist die Zollflagge, ganz korrekt eigentlich der „Hilfsstander III" des internationalen Signalbuchs. Zu führen ist er von allen Handelsschiffen innerhalb der deutschen Hoheitsgewässer, die nicht einklariert und damit Zölle und Abgaben entrichtet haben.

Große Attraktionen auf dem Kanal sind die weißen Traumschiffe – hier die DEUTSCHLAND.

TRÄUMEN AM KANAL

Schöner schlafen am NOK

Aufwachen mit Blick auf Traumschiffe, Segelyachten oder große Pötte: Übernachtungen am Ufer des Nord-Ostsee-Kanals sind bei Wohnmobilisten immer beliebter geworden. Zwischen Kiel, Sehestedt, Schacht-Audorf, Osterrönfeld, Rendsburg (an der Hochbrücke) und Schachtholm sind mittlerweile an vielen Orten Stellplätze entstanden. Eine Panorama-Aussicht auf die Schleusen und die Kieler Förde wird in Kiel-Wik an der Nordmole des Scheerhafens (40 Plätze) geboten.

Weitere **Stellplätze am Wasser** gibt es in Breiholz und Rendsburg jeweils an der Eider.

Der Brunsbütteler Platz (20 Wohnmobile) liegt in der Nähe der Braake und des Freizeitbads „Luv".

www.wohnmobil-stellplatz-kiel.de
www.sehestedt.de
www.wohnmobilpark-sad.de
www.spann-an.de
www.stellplatz-nok.de
www.wohnmobilhafen.de
www.bootsmann-lodge.de

Luxus-Liner zum Träumen

Im April beginnt mit der Kreuzfahrtsaison auch die Zeit der Traumschiffe. Zwischen 70 und hundert Luxusliner passieren jedes Jahr den Kanal auf dem Weg zu Zielen in der Ostsee, in Norwegen, Großbritannien oder auch Frankreich. Die Passagiere gleiten an grünen Landschaften und gelben Rapsfeldern vorbei, die Seh-Leute auf den Wohnmobilstellplätzen oder in den Cafés und Restaurants am Ufer träumen sich in weite Reise-Welten. Besucher der **Schiffsbegrüßungsanlage** in Rendsburg erfahren dabei auch noch Einzelheiten über die großen Pötte.

Die **Liste der Traumschiffe** ist im Internet herunterzuladen unter

www.nok-sh.de
www.wsa-kiel.wsv.de

Per Schiff auf dem Kanal

Ein besonderes Erlebnis ist ein Ausflug auf dem Kanal mit dem 115 Jahre alten Raddampfer **„Freya"**. Das 1905 in den Niederlanden gebaute Schiff fährt regelmäßig von Kiel nach Rendsburg oder auch von Rendsburg bis Brunsbüttel. Neben dem liebevoll restaurierten Oldtimer mit Platz für 220 Passagiere setzt die Sylter **Adler Reederei** außerdem die knapp 40 Meter lange moderne „Adler Prinzess" auf dem NOK ein. Gelegentlich werden auch Fahrten von Kiel bis Brunsbüttel angeboten. Nach Voranmeldung dürfen auch Fahrräder mitgenommen werden.

www.adlerschiffe.de

Regelmäßig von Kiel bis zum Rendsburger Obereiderhafen fährt auch die **„Friedrichstädter**

Grachten- und Treeneschifffahrt" von Günther Schröder; möglich sind über den Gieselau-Kanal und die Eider außerdem Fahrten bis Friedrichstadt (elf Stunden).
www.grachtenschifffahrt.de

Etwa 90 Minuten dauert eine kleine Rundfahrt zum Beispiel rund um die Rader Insel oder bis zum Himbeerhof Steinwehr mit dem **Helgoländer Börteboot „Nathurn"**; Anfragen unter 040-551 2020 oder 0172 9117595.
www.tinok.de

Mit dem Rad den Schiffen folgen

Beliebt bei Joggern, Spaziergängern und Radfahrern sind die **Kanalseitenwege**. Gebaut wurden sie für den Betrieb und die Unterhaltung des Kanals. Der Vorteil für Freizeitsport und Wandertouren: Die Wege neben der Wasserstraße der Traumschiffe sind völlig eben und ohne Steigerungen.

Abwechslung, auch mit sanften Steigungen, verspricht die 325 Kilometer lange **NOK-Fahrradroute** mit Entdeckertouren rechts und links im Hinterland des Kanals. Die Route ist ausgeschildert, und an der Wegstrecke informieren immer wieder Tafeln über Denkmäler, Güter und Geschichte. Angeboten werden acht Etappen von 30 bis 65 Kilometern Länge. Weitere Informationen unter www.nok-route.de

Angler-Paradies

Der Nord-Ostsee-Kanal ist auch ein beliebtes Angelrevier. Im Frühjahr kommen die Heringe zum Laichen in den Kanal, aber auch Dorsch, Flunder, Meerforelle, Zander oder Aal fühlen sich hier wohl. Weitere Informationen und Angelscheine beim Landessportfischerverband Schleswig-Holstein.
www.lsfv-sh.de

MUSEEN AM KANAL

Sie hüten die Schätze der Kanalgeschichte, die Museen am Kanal. Beginnend mit dem 125jährigen Jubiläum im Jahr 2020 treten sie mit einem gemeinsamen Angebot von Aktivitäten für Schleswig-Holsteiner und Touristen gemeinsam auf.

Während sich die einen Häuser mit den Themen Kanal- und Schleusenbau beschäftigen – vor 125 Jahren stellte dies eine außerordentliche Leistung von tausenden von Männern dar, oft nur mit Schaufel und Spitzhacke ausgerüstet – zeigen andere, was diese für das Land einschneidendste Maßnahme für die Menschen bedeutete. Dörfer wurden von der neuen Wasserstraße zerschnitten, Gehöfte von ihren Feldern getrennt, alltägliche Wege für immer abgetrennt. Höhepunkt für Interessierte sind dabei die sowohl in Brunsbüttel wie in Kiel-Wik angebotenen Schleusen-Besichtigungen.

Von der Schaufel des Arbeiters bis zum Prunkgeschirr, das der Kaiser bei der

Das stattliche Haus in der Rendsburger Königstraße beherbergt das Schifffahrtsarchiv.

Schlusssteinlegung 1895 benutzte, werden historische Gegenstände gezeigt und ihre Anwendung erklärt. Dokumente und Fotos zum Leben und Werk von Friedrich Voß, dem Erbauer der 1913 fertiggestellten Eisenbahnhochbrücke und weiterer Querungen, komplettieren die Präsentationen.

Ausstellung über die Rendsburger Schifffahrt.

Wie entstand der Nord-Ostsee-Kanal? Warum wurde er gebaut? Wie viele Schiffe passieren ihn pro Jahr und wieviel Kilometer Fahrweg sparen sie dadurch? Das alles wird den Besuchern erklärt.

Aber nicht nur Zeugnisse von Bau und Betrieb dieser Wasserstraße füllen die Museums-Vitrinen, es werden auch jedes Jahr zahlreiche Sonderausstellungen geplant und auf die Beine gestellt. Von der Präsentation von Schiffsmodellen, über Dichterlesungen und Buchpräsentationen zum Thema Kanal bis zur Darstellung der großen Eröffnungsfeierlichkeiten mit Kaiser und Hofstaat seinerzeit wird vieles dem Vergessen entrissen. Sogar ein Originalschiff vom

Kanal gibt es zu bestaunen – die Kettenfähre „Fischerhütte", die heute hoch und trocken am Ufer steht. Sie ist ein 1950 in Rendsburg auf der Werft Saatsee gebauter Motorfährpram.

Andere Museen haben das Glück, gerade in diesen Jahren mit großem Aufwand und viel Engagement ihrer Mitarbeiter von Grund auf überholt zu werden. Liebevoll gepflegte, aber in die Jahre gekommene Ausstellungen wie in Rendsburg oder Burg werden überarbeitet und auf den neuesten Stand gebracht, wobei die Vorzüge moderner elektronischer Medien vielfach Einzug halten.

Eine Sonderstellung unter den „Museen am Kanal" nimmt das „Museum Helgoland" ein. Es liegt auf seiner Insel wie ein Bollwerk vor Elbmündung und Kanal-Ausgang und hat dadurch einen ganz besonderen Bezug zum Nord-Ostsee-Kanal. Als Nordseemuseum wurde es bereits am 20. August 1899 feierlich eröffnet. Im Zweiten Weltkrieg lagerte man sicherheitshalber etliche Ausstellungsstücke aus – in eine Bunkeranlage im Felsen. Das Haus wurde während eines Angriffs 1944 weitgehend zerstört. 1996 wurde es als das neue „Museum Helgoland"

„Atrium" in Brunsbüttel.

durch eine Stiftung eröffnet. Die Dauerausstellung befasst sich mit den Schwerpunkten Arbeit und Leben auf Helgoland, biologische Forschung und Fossilien Helgolands. Ein Museumshof mit Hummerbuden wurde aufgebaut, was eine Erweiterung der Ausstellungsthemen ermöglichte. Im Jahre 2014 konnte ein weiteres Freigelände hinzugenommen werden und die Ausstellungen um das berühmte Helgoländer Steinkistengrab und andere historische Artefakte erweitert werden.

Was sich aktuell in den Museen am Kanal tut, ist unter
www.125-Jahre-NOK.de zu finden.

Blick in das neue DITMARSIUM.

Der Museumshof auf Helgoland.

Schwerlasthafen und grünes Zentrum

Lange Zeit prägte allein die Eisenbahnhochbrücke die Silhouette Osterrönfelds – die filigrane Konstruktion der Brücke selbst sowie der Eisenbahndamm mit seinen Viadukten. Mittlerweile ragen am Kanal die Mobilkräne des Schwerlasthafens **Rendsburg-Port** und ein siebenstöckiges Bürohochhaus empor. Als gemeinsames Projekt der Stadt Rendsburg, des Kreises Rendsburg-Eckernförde und der Gemeinde Osterrönfeld entstand seit 2012 der „Rendsburg-Port" genau gegenüber dem Rendsburger Kreishafen.

Der Wechsel vom Bauerndorf zur Wohngemeinde mit Gewerbegebieten begann für Osterrönfeld mit dem Bau des Nord-Ostsee-Kanals. Als „Rennevelde" als „Feld bei der Rinne", gemeint ist damit die Wehrau (siehe auch Westerrönfeld), wurde der Ort im Jahr 1330 erstmals erwähnt.

Der moderne Schwerlasthafen. Gegenüber der Rendsburger Kreishafen.

Dennoch ist Osterrönfeld weiterhin eng mit der Landwirtschaft verbunden. Bereits seit 1949 findet auf dem Messegelände jedes Jahr Anfang September die große Norddeutsche Landwirtschaftsausstellung **Norla** statt, die Osterrönfeld landesweit bekanntmachte. Bauernverband und Landwirtschaftskammer Schleswig-Holstein haben hier ebenfalls ihren Sitz. Zum Osterrönfelder Agrarzentrum „Grüner Kamp" gehören außerdem die Deutsche Lehranstalt für Agrartechnik (DEULA), der Fachbereich Agrarwirtschaft der Fachhochschule Kiel und die höhere Landbauschule als Teil des Berufsbildungszentrums (BBZ) Rendsburg.

Essen und Trinken

Kanal-Meisterei
Am Kamp-Kanal 1,
24783 Osterrönfeld
www.kanal-meisterei.de
Café und Restaurant im denkmalgeschützten Gebäude des ehemaligen, 1896 errichteten Wohnhauses für die Maschinisten der alten Drehbrücke; moderner Anbau mit Blick auf den Kanal und den Rendsburger Kreishafen; Nebenan befindet sich ein beliebter Wohnmobil-Stellplatz.

RENDSBURG

Hafenstadt im Binnenland

Nur noch der Stadtsee erinnert heute daran, dass Rendsburg einst buchstäblich im Wasser schwamm. Veränderte bereits der Bau des Schleswig-Holsteinischen Kanals (später Eiderkanal genannt) von 1777 bis 1784 den Wasserstand der Eider und damit den des Hafens der Stadt, ließ 1895 der Nord-Ostsee-Kanal Rendsburg endgültig trockenfallen. So wurde der Wasserspiegel der Obereider um mehr als drei Meter gesenkt, bis er mit dem neuen Nord-Ostsee-Kanal auf gleicher Höhe lag.

Gewachsen ist Rendsburg an einem wichtigen Übergang über die Eider auf drei Fluss-Inseln. Im Norden lag die im Mittelalter von einer eigenen Befestigung umgebene „Reinholdsburg" (ab 1100), das spätere Schloss. Schifffahrt spielte in der Stadthistorie immer wieder eine Rolle. Vor dem Bau des Schleswig-Holsteinischen- oder auch Eiderkanals und später des Nord-Ostsee-Kanals war die Eider die Lebensader der Stadt, über die vor allem Holz transportiert wurde. Der Ausbau Rendsburgs zur Großfestung engte dann die wirtschaftlichen

Kreuzfahrtschiff NAUTICA passiert den Rendsburger „Conventgarten" mit seiner Aussichtsterrasse mit Blick auf den Kanal.

Möglichkeiten für lange Zeit ein. Immerhin war Rendsburg im 18. Jahrhundert nach Kopenhagen zweitgrößte Festung des dänischen Königs – und ab 1871 nach Metz die zweitgrößte Garnison des deutschen Kaiserreichs.

Die Marienkirche.

Beinahe einzigartig in Nordeuropa ist die Anlage des Stadtteils **Neuwerk**. Mitte des 16. Jahrhunderts erhielt Rendsburg die ersten Festungswälle. Nach den Besetzungen im Dreißigjährigen Krieg erst durch Wallensteins Truppen und dann durch schwedische Soldaten beschloss der dänische König den Ausbau der Stadt zu einer Großfestung.

Mit ihrer Erweiterung zwischen 1690 und 1695 entstand neben dem kleineren **Kronwerk** im Norden der Stadtteil **Neuwerk** im Süden – eine neue Stadt neben dem alten Rendsburg. Nach umfangreichen Sanierungen präsentiert sich Neuwerk trotz aller Veränderungen der vergangenen 300 Jahre heute wieder als eindrucksvolle barocke Anlage.

Als Mitte des 19. Jahrhunderts die Festung geschleift wurde und die Stadttore verschwanden, gewann die Stadt erneut Land, nachdem mit dem Material der Wälle alte Festungsgräben aufgefüllt worden waren.

▶ **Sehenswert**

Altstadt mit Marienkirche

Ab 1287 entstand auf dem höchsten Punkt der Altstadt die heutige **Marienkirche**, ein Vorgängerbau war abgebrannt. Die erst 1951 wieder freigelegte Gewölbeausmalung im Inneren stammt aus dem 14. und 15. Jahrhundert. Der hochaufragende Altar (1649 von Henning Claußen) mit freiste-

Das Alte Rathaus.

Markt hinein entstand der charakteristische „Schwibbogen", der **Stegen** und **Hohe Straße** miteinander verbindet. Erst im Jahr 1901 wurden die Doppelgiebel an der Front zum Altstädter Markt zu Treppengiebeln umgestaltet. Nach einem Brand 1973 wurde das Rathaus erneut teilweise renoviert, damals wurde auch das Glockenspiel hinzugefügt.

Vom Altstädter Markt führt der Weg durch die **Hohe Straße** (Nr. 7: Ältestes Haus von 1566) zum **Schiffbrückenplatz,** bis zum Kanalbau Rendsburgs Hafen mitten in der Stadt. Das Fachwerkhaus an der Ecke stammt aus dem Jahr 1696. Den benachbarten **Schlossplatz** dominiert das „Hospital zum Heiligen Geist", 1760 als Garnisonslazarett anstelle des baufälligen Schlosses errichtet, heute Seniorenheim. Davor der Gerhards-Brunnen, zur Erinnerung an Rendsburgs Wohltäter, Graf Gerhard III. von Schauenburg (1293–1340).

henden Evangelisten und Apostel-Figuren über den Seitenflügeln gilt als Meisterwerk des Manierismus der späten Renaissance. Eine Reihe von Epitaphien erinnert an Stifterfamilien und Bürger der Glanzzeit im 16. und 17. Jahrhundert.

Von der Kirche sind es nur wenige Schritte zum **Alten Rathaus**, das als „Nyge Raedhus" im Jahr 1446 erstmals erwähnt und seitdem mehrfach verändert wurde. An der Fassade ist ein Wappenstein von 1566 eingefügt, damals wurde der Giebelanbau zur Mühlenstraße hinzugefügt. Mit der Verlängerung des Rathauses in den Altstädter

Durch die **Torstraße** mit dem repräsentativen **Amtmandsgården** von 1775 geht es nach Norden zu den letzten Spuren des Eiderkanals. Das heutige Wasserbecken der Grünanlage des Thormannplatzes entstand 1893 ursprünglich als Schleuse und Durchstich zwischen Ober- und Untereider. Am Ufer ragt ein markantes Gebäude empor: das 1783 errichtete ehemalige **Kanalpackhaus,** das kleinste der drei mit dem Kanalbau damals errichteten Packhäuser. Die beiden größeren stehen in Tönning und in Kiel-Holtenau. Nur an diesen drei Orten durften Waren geladen oder gelöscht wer-

Das Kanal-Packhaus.

den. In der Nachbarschaft (Hollesenstraße 14) befindet sich das ehemalige **Königlich dänische Zollamt** von 1784. Dahinter liegt der **Gerhardsteich**, ein kleiner Rest des Eiderkanals.

Der Weg vom Altstädter Markt nach Neuwerk führt vorbei am **Landestheater** und dem ehemaligen Stadtpalais (**Pellihof,**

Die Hauptwache am Paradeplatz.

1728) des Rendsburger Festungsbaumeisters Domenico Pelli.

Neuwerk mit Paradeplatz und Christkirche

Ausgangspunkt für Neuwerk ist bis heute der **Paradeplatz** in seiner eindrucksvollen Weite. Als halbes Zehneck wurde der Stadtteil angelegt, die Straßen liefen auf die Bastionen zu. Die Sitzordnung der königlichen Tafel lieferte die Straßennamen: In der Mitte die Königstraße, rechts daneben Königin- und Prinzenstraße, auf der anderen Seite Kronprinzen- und Prinzessinstraße. Nur fünf Jahre brauchten die etwa 5000 Soldaten, um das Neuwerk und das sehr viel kleinere Kronwerk fertigzustellen.

Der Paradeplatz wird gerahmt von repräsentativen Bauten: der ehemaligen **Kommandatur** von 1690, in der auch der König bei seinen Besuchen in der Festungsstadt übernachtete (Paradeplatz 10), daneben die ehemalige **Hauptkasse** der Festung. Paradeplatz Nummer 1 ist die Adresse der ehemaligen **Hauptwache**, in der auch **Uwe Jens Lornsen** (1793–1838) wegen verfassungsfeindlicher Umtriebe zeitweilig einsaß. Dem gebürtigen Sylter, Autor der Schrift „Über das Verfassungswerk in Schleswigholstein" ist das Denkmal am Übergang von Hans-Heinemann-Park zum Paradeplatz gewidmet. Im ehemaligen Weinhaus (**Ecke/Paradeplatz/Prinzessinstrasse**) mit dem Baujahr 1693 pflegte übrigens der russische Zar Peter der Große bei seinem Aufenthalt 1713 in Rendsburg

Die Christkirche.

während des Großen Nordischen Kriegs zu speisen.

Im Jahr 1700 wurde die **Christkirche** geweiht. Gebaut wurde sie in Kreuzform nach dem Vorbild der Kopenhagener Holmenskirche. Als Garnisonskirche bot sie ursprünglich Platz für 2000 Menschen. Prunkvollstes Teil der Innenausstattung ist die geschlossene Königsloge von 1708 mit dem Monogramm von Frederik IV. an der Chorsüdseite. Die Loge darunter war Amtmann, Stadtkommandant und dem Superintendenten vorbehalten.

Tipp

Eine blaue Linie führt Besucherinnen und Besucher von Sehenswürdigkeit zu Sehenswürdigkeit durch die Stadt. Ein Flyer dazu ist in der Tourist-Info im Alten Rathaus erhältlich. Informationen über Stadtführungen zum Beispiel mit dem Nachtwächter oder der Stutentrine gibt es ebenfalls in der Tourist-Info.

Die Museen
Kulturzentrum im Hohen Arsenal

Als Zeughaus baute Domenico Pelli zwischen 1695 und 1697 das Hohe Arsenal, das heute neben einem **Druckmuseum** auch das **Historische Museum** Rendsburgs beherbergt. Schwerpunkte sind die 350jährige Festungsgeschichte der Stadt sowie der Bau von Eiderkanal und Nord-Ostsee-Kanal. Präsentiert werden im frisch renovierten Museum die Historie zum Bau und Betrieb, abgerundet werden die Darstellungen durch Schiffsmodelle und Dokumente. Einzigartig sind die fünf Stadtmodelle, die in Zeitsprüngen vom 17. bis zum 19. Jahrhundert die Veränderungen der Stadt deutlich werden lassen. Die bis ins Detail genauen Darstellungen wurden in den 1920er Jahren von einem Häftling der damaligen Rendsburger Strafanstalt gefertigt.

> **Museen im Kulturzentrum**
> Arsenalstraße 2–10,
> 24768 Rendsburg
> www.museen-rendsburg.de

Das Kulturzentrum im Hohen Arsenal.

Schifffahrtsarchiv

Seit 2007 ist das Schifffahrtsarchiv als Stiftung des Rendsburger Reeders Dr. Jens-Peter Schlüter in dem Fachwerkbau König-

Das Rendsburger Schifffahrtsarchiv.

straße 5 beheimatet. Anhand von Dokumenten, Gemälden, Schiffmodellen und anderen Exponaten werden die Entwicklungen der Rendsburger Reedereien gezeigt, vor allem natürlich der Reederei Karl Schlüter. Doch auch die Atmosphäre einer alten Werft ist zu erleben. Die Exponate stammen aus Nübbel (siehe dort), wo im vorletzten Jahrhundert mehrere Werften beheimatet waren.

Das zweigeschossige Haus an der Ecke zur Löwenstraße gehörte 1697 zur Erstbebauung des Stadtviertels Neuwerk.

Schifffahrtsarchiv
Königstraße 5, 24768 Rendsburg
www.rendsburger-
schifffahrtsarchiv.de

Jüdisches Museum

Um Neuwerk möglichst rasch zu besiedeln, hatte König Christian V. im Jahr 1692 verfügt, dass sich in dem neuen Stadtteil auch Angehörige anderer Religionen als nur Lutheraner niederlassen durften. Im Jahr 1743 wird zum ersten Mal eine Synagoge erwähnt, in den Jahren 1843–1845 erfolgte in der Prinzessinstraße der Bau des heutigen Gebäudes.

Neben den Synagogen in Friedrichstadt und Lübeck gehört das Haus zu den wenigen erhaltenen Synagogen in Schleswig-Holstein. 1938 während der Pogromnacht wurde das Haus geplündert, der Thoraschrein durch einen Sprengsatz zerstört. Zwischen 1983 und 1985 wurde die ehemalige Synagoge rekonstruiert und saniert. In ihren Räumen und der benachbarten Talmud-Thora-Schule werden als Dauerausstellungen eine Einführung in jüdische Religion und Alltagsleben gezeigt und daneben Werke von renommierten Künstlern, darunter Max Liebermann, präsentiert, die in der NS-Zeit verfolgt wurden.

Jüdisches Museum
Prinzessinstraße 7–8,
24768 Rendsburg
www.landesmuseen.sh

Das Jüdische Museum.

▶ Entdecken und Erleben

Rekord in Rendsburg

575,75 Meter lang ist die **längste Bank** der Welt. Sie steht seit 1989 in Rendsburg am Kanalufer und wurde noch einmal verlängert, als Rendsburg den Rekord zu verlieren drohte. Von der Lindenallee am Conventgarten, über den Kanaltunnel hinweg, am Gerhardshain vorbei bis zur Bank ist ein bei Rendsburgern beliebter Zwei-Kilometer-Spaziergang.

Zwischen Fußgängertunnel und der alten Lotsenstation sind in den Spurplattenweg direkt am Kanal 50 Steine mit Sinnsprüchen versenkt. Auf der Kanalsüdseite zieht sich der **„Sinnweg"** von der neuen Lotsenstation bis Schacht-Audorf.

www.sinnweg.de

Die längste Bank der Welt zum Schiffe schauen.

„Aqua City" heißt Rendsburgs großzügiges Schwimmzentrum an der Untereider: Ein Freibad mit Zehn-Meter-Sprungturm für den Sommer, ein Hallenbad mit Sauna, Whirlpools und einer Riesenrutsche für den Winter.
www.schwimmzentrum-rendsburg.de

Kanaltunnel (Fahrzeuge)

Als der 640 Meter lange Rendsburger Auto-Tunnel unter dem Nord-Ostsee-Kanal 1961 eingeweiht wurde, war er nach dem Hamburger Elbtunnel von 1911 erst der zweite Unterwassertunnel für den Verkehr in Deutschland. Bis zu seinem Bau quälte sich der Straßenverkehr über eine zweiflügelige Drehbrücke (Auffahrt zwischen heu-

tigem Fußgängertunnel und dem „Conventgarten"). Die Stahlkonstruktion war von Regierungsbaumeister Friedrich Voß zwischen 1908 und 1910 zur selben Zeit und in denselben Formen entworfen worden wie die Eisenbahnhochbrücke; seit 1913 war die Drehbrücke in Betrieb. Zwei Fahrspuren und ein Gleis für die Kleinbahn führten über den Kanal.
Bereits 1957 war die Straßendrehbrücke – rein rechnerisch – insgesamt zwölf Stunden täglich für den Autoverkehr gesperrt, weil die Schiffe Vorfahrt hatten. Nach jahrelangen Planungen begann in jenem Jahr der Bau eines vierspurigen Straßentunnels samt Umgehungsstraße. Spektakulärster Teil der Bauarbeiten war das Einschwimmen des

140 Meter langen Tunnelmittelstücks aus Stahlbeton, das auf der Kanal-Südseite vorgefertigt worden war. Während der Zeit musste der Kanal 70 Stunden lang gesperrt werden. In der Mitte des 640 Meter langen Tunnels liegen die Fahrbahnen 20 Meter unter dem Wasserspiegel. Nach vierjähriger Bauzeit wurde das inklusive der Ein- und Ausfahrten 1278 Meter lange Bauwerk im Juli 1961 eingeweiht.

Rund 50 Betriebsjahre später begann im Jahr 2011 eine Grundüberholung des Tunnels, der mittlerweile rund 50 000 Autos täglich verkraften muss.

Mit Goliath und VW-Käfer – der erste Verkehr rollt durch die neuen Betonröhren.

An die alte Drehbrücke erinnert nur noch eine kleine Anlage auf der Nordseite neben dem Eingang zum Fußgängertunnel. Überragt wird sie von der Statue eines Neptuns mit Dreizack, vom Bildhauer Karlheinz

Der Rendsburger Auto-Tunnel.

Der Tunnelbau in den 1960er Jahren.

Die Nebelglocke der alten Drehbrücke.

Eisenbahn-Hochbrücke

In 42 Metern Höhe überspannt die 2485 Meter lange Eisenkonstruktion der Eisenbahnhochbrücke den Kanal (Spannweite über dem Wasser: 317,60 Meter). Seit 1988 steht das markante Wahrzeichen Rendsburgs unter Denkmalschutz. Bei der Einweihung 1913 galt die Brücke (Entwurf Friedrich Voß) als größtes Stahlbauwerk des Kaiserreichs und als „Baudenkmal deutscher Handels- und Industrieentwicklung".
Bis zu ihrer Errichtung ab 1911 im Zuge der ersten Kanalverbreiterung führten im Abstand von 150 Metern zwei eingleisige Drehbrücken den Eisenbahnverkehr bei Rendsburg über den Kanal. Und weil die Züge Vorfahrt hatten, mussten die Schiffe immer öfter warten – ein unhaltbarer Zustand. Doch nicht nur Konstruktion und

Goedtke 1966 im Auftrag des Rendsburger Verschönerungsvereins geschaffen. Daneben steht die Nebelglocke der Brücke. Die Inschrift „Friedrich Voss 1872–1953" am Auflagerrest auf der Nordseite und das Gusseisenrelief der Brücke verweisen auf den Konstrukteur.

Fußgängertunnel

Dem Bau des neuen Auto-Tunnels westlich der bisherigen Brücke folgte 1964 die Konstruktion eines Tunnels für Fußgänger und Radfahrer. Bis dahin mussten sie mit einer Fähre übersetzen. Die 55 Meter langen Rolltreppen, die zu der 91 Meter langen Mittelröhre in 28 Metern Tiefe führen, galten damals als die längsten in Europa.

Eine Rolltreppe des Fußgängertunnels.

Der Kaiser auf seiner Yacht HOHENZOLLERN unter der fast fertigen Rendsburger Hochbrücke.

Bau der Brücke mit der darunter hängenden Schwebefähre wurden zum Meisterwerk der Ingenieurkunst, auf der Rendsburger Seite des Kanals musste noch ein anderes Problem gelöst werden: Nicht einmal einen Kilometer vom Kanal entfernt liegt der Rendsburger Bahnhof. Doch die Lokomotiven schafften nur eine Steigung von 1:150. Deshalb wurden die Gleise auf der Nordseite als riesige, ellipsenförmige Schleife von 5,9 Kilometern Länge angelegt; im ersten Teil noch als Eisenkonstruktion, dann als 4,5 Kilometer langer, mächtiger Erdwall (mit Material aus der Kanalverbreiterung). Innerhalb Rendsburgs verlaufen die Gleise bis zum Obereiderbecken auf einem 4,5 Meter hohen Wall.

Südlich des Kreises hatten die Brückenbauer mehr Platz, so dass die Eisenbahngleise im Bogen um Osterrönfeld herumgeführt werden konnten. Auf insgesamt 51 Pfeilern ruht die Eisenkonstruktion der Brücke. Acht gewaltige Viadukte, davon vier auf der Südseite, durchbrechen die Wälle für den Autoverkehr.

Tipp: Besichtigung der Hochbrücke

178 Stufen hoch auf die Aussichtsplattform der „Eisernen Lady" geht es bei einer Hochbrückenführung. Die Tourist-Information bietet die Klettertour zwischen Mai und

Filigrane Technik der Rendsburger Eisenbahn-Hochbrücke.

September jeweils sonntags an; Kinder müssen mindestens zwölf Jahre alt sein und größer als 1,40 Meter.
www.tinok.de

Schiffsbegrüßungsanlage

Die Kapitäne der Schiffsbegrüßungsanlage im Restaurant und Café **„Brückenterrassen"** direkt an der Rendsburger Eisenbahnhochbrücke stellen jedes vorbeiziehende Schiff vor und erklären, woher es kommt und wohin es fährt. Jedes Schiff wird mit seiner Nationalhymne begrüßt. 220 Hymnen sind gespeichert – am „Ships Welcome Point" ist man auf alles vorbereitet. Und wenn die Deutschland-Flagge vor dem Restaurant gedippt wird, grüßen viele Kapitäne mit dem Schiffstyphon zurück.
Am Kreishafen, 24768 Rendsburg
www.brueckenterrassen.de

Schwebefähre

Mehr als hundert Jahre lang schwebte sie über den Nord-Ostsee-Kanal, zuverlässig und lautlos: die Schwebefähre unter der Rendsburger Eisenbahnhochbrücke. Im Januar 2016 kollidierte sie mit einem Frachter – Totalschaden. Der Ausfall der an Schienen

Nur etwas für ganz Schwindelfreie – der Bau der Rendsburger Eisenbahn-Hochbrücke in luftiger Höhe.

Frachtschiffe auf dem Weg nach Brunsbüttel – im Hintergrund der Rendsburger Kreishafen.

Die alte Schwebefähre. 2020/21 soll ein Neubau in Fahrt kommen.

unter der Brücke hängenden Fähre bedeutet seitdem nicht nur lange Umwege für die rund 1700 Fußgänger und Radfahrer sowie die PKW, die täglich mit dem Museumsstück über den Kanal pendelten.

Er stellte vor allem den Verlust eines einzigartigen technischen Denkmals dar. Die Schwebefähre gehörte zu den letzten sieben, die auf der Welt noch existierten. Die älteste (Baujahr 1893) pendelt in Bilbao (Spanien) über die Ria de Bilbao. Eine Besonderheit in Rendsburg war jedoch die Verbindung von Brücke und Fähre.

Im Dezember 2018 dann das große Aufatmen: Das Wasserstraßen- und Schifffahrtsamt Kiel-Holtenau begann mit der Planung für einen Neubau. Voraussichtlich Ende 2020 soll die elf Millionen Euro teure Fähre fertig sein – wenn alles klappt. Ihr Äußeres wird sich an den filigranen Formen der alten Fähre orientieren. Bis dahin erinnern nur die beiden alten Wartehäuschen auf der Rendsburger und der Osterrönfelder Seite an die Schwebefähre.

Kreishafen

Als ein Jahr nach der feierlichen Eröffnung des Kaiser-Wilhelm-Kanals 1896 auch die ersten 220 Meter Kaianlagen (inzwischen sind es mehr als 1000 Meter) in Rendsburg fertiggestellt waren, bedeutete dies den Endpunkt eines jahrelangen Hin und Her zwischen unterschiedlichen Interessen: Die Holzhändler aus der Altstadt verlangten einen Hafen an der Obereider, die Neuwerker hatten keine Einwände gegen einen neuen Hafen (damals) einen Kilometer südlich der Stadt. Als Kompromiss baute der Kreis Rendsburg mit einem Zuschuss der Stadt den späteren „Kreishafen", der preußische Staat die Kaianlagen mit Gleisanschluss an der Obereider. Im Hafen am Kanal werden meist Massengüter wie Futtermittel und Öl, außerdem auch Dünger, Getreide oder Rohstoffe für die Bauindustrie umgeschlagen, gut 500 000 Tonnen sind es pro Jahr. Genau gegenüber liegt der neue Rendsburg-Port (siehe Osterrönfeld).

Werft Saatsee

Bereits 1890 wurde die Kaiserliche Maschinenbauinspektion am Nord-Ufer des Nord-Ostsee-Kanals errichtet. Während der Kanalerweiterung von 1910 bis 1914 entstand dann zwischen Kanal und dem Eisenbahndamm der „Schleife" der Betrieb als „Kaiserliche Werft Saatsee", ein Werft- und Ausrüstungshafen. Ab 1921 fungierte der Betrieb als Wasserstraßen-Maschinenamt Rendsburg, ab 1949 als Staatswerft Saatsee.

Der Name erinnert an einen See, der hier vor dem Bau des Nord-Ostsee-Kanals bestand und von dem ein Teil als Werfthafen erhalten blieb. Noch außerhalb des Betriebsgeländes (Blenkinsopstr. 7) steht am Eingang der viereckige Wasserturm von 1914 mit seinem achteckigen Aufsatz. Mit dem repräsentativen Übernachtungsgebäude von 1913 (heute Büros des Wasserstraßen und Schifffahrtsamtes Kiel-Holtenau) und dem Pförtnerhaus (1913) bildet der Wasserturm ein Ensemble. Einzigartig in Norddeutschland ist wegen ihrer Größe (60 Meter Breite) und ihres Erhaltungszustandes die Querhelling-Anlage aus dem Jahr 1915.

Werft Nobiskrug
Innovationen von der Obereider

Bis heute sind die Kanalufer trotz Krisen und Veränderungen immer noch als Werftstandort attraktiv. Seit 1905 ist die Werft Nobiskrug an der Obereider beheimatet, an der Stelle, wo sich Kanal und Eider-Lauf wieder trennen. Seit 2015 gehört der Betrieb zur Werft German Naval Yards in Kiel. Liefen hier nach dem Zweiten Weltkrieg noch große Frachter und Fähren vom Stapel, hat sich der Betrieb jetzt vor allem auf Superyachten und Marineschiffe spezialisiert. Dazu zählte 2017 zum Beispiel die 143 Meter lange „Sailing Yacht A" mit ihren drei Masten. Sie gehört zu den innovativsten Segelyachten weltweit. Ein amerikanischer Eigner ließ sich am Kanal die 80 Meter lange Motoryacht „Artefact" aus

Stahl und GFK sowie 750 Quadratmeter Glasflächen bauen.
www.nobiskrug.com

Essen und Trinken
Hotel ConventGarten
Hindenburgstr.38–42, 24768 Rendsburg
www.conventgarten.de

Modernisiertes Traditionshaus mit Restaurant und Hotel direkt am Kanal.

Eisstübchen am Kanal
Am Kreishafen 3, 24768 Rendsburg
www.Eisstuebchen-Rendsburg.de

Eis essen mit Kanalblick in einer umgebauten Tankstelle am Kreishafen. Genau gegenüber: der Schwerlasthafen „Rendsburg-Port".

Brückenterrassen
Am Kreishafen,
24768 Rendsburg
www.brueckenterrassen.de
Schiffsbegrüßungsanlage

Gaststätte Nobiskrug
Kieler Str. 120,
24768 Rendsburg
www.gaststaette-nobiskrug.de
Am Kanal bei der Fähre Nobiskrug

Restaurant Riverside
Am Eiland 11,
24768 Rendsburg
www.riverside-rendsburg
www.regatta-verein-rendsburg.de
Am Yachthafen des Regatta-Vereins
Rendsburg von 1888 an der Obereider

BÜDELSDORF

Die Keimzelle „Vorwerk"

Schon seit dem Mittelalter sind Büdelsdorf und Rendsburg eng miteinander verflochten und heute fast untrennbar zusammengewachsen. Zugleich betont die 10000-Einwohner-Gemeinde, die im Jahr 2000 ebenfalls das Stadtrecht erhielt, ihre Eigenständigkeit. Ohne die 1827 gegründete **Carlshütte**, später Ahlmann-Carlshütte, aber wäre Büdelsdorfs Entwicklung vom winzigen Bauerndorf im Schatten der Festung Rendsburg zur dynamischen Kleinstadt nicht denkbar gewesen. Erst der Bau des Schleswig-Holsteinischen Kanals, später Eiderkanal genannt, machte die Ansiedlung am Eider-Ufer attraktiv.

Besiedelt war die Gegend schon in der Jungsteinzeit (ca. 4200–2800 v. Chr.). Das zeigen Funde der nach der charakteristischen Form ihrer Keramikgefäße benannten „Trichterbecherkultur", der ersten Ackerbauern in Schleswig-Holstein.
Der Ursprung des heutigen Büdelsdorf wird um 1300 n. Chr. in der Knaakenburg vermutet. Sie gehörte zu einem Ring befestigter Güter rund um die Reinholdsburg, Kern des heutigen Rendsburg. Der Ortsname Büdelsdorf, oft als „Bodilos Dorf" gedeutet, könnte auf einen Burgherren hinweisen. Das Gut auf dem Vorwerk zählte zu den Meierhöfen zur Versorgung der Rendsburger Burg. Da es durch einen Wall ge-

schützt war, sprach man von einem „Werk", und da es vor der Burg lag, von einem „Vorwerk".

Heute befinden sich auf dem „Vorwerk" das Betriebsgelände der Firma ACO Severin Ahlmann GmbH & Co. KG sowie auf dem Areal der ehemaligen Carlshütte das Ausstellungsgelände der NordArt, eine der größten Kunstausstellungen Nordeuropas.

Das erste Industrieunternehmen in Schleswig-Holstein

Die **Carlshütte** war das erste Industrieunternehmen in Schleswig und Holstein und das erste Eisenwerk im dänischen Gesamtstaat. Sie wurde 1827 von dem Rendsburger Marcus Hartwig Holler (1796–1858) erbaut. Er benannte sie nach seinem Förderer, dem königlichen Statthalter von Schleswig und Holstein, Landgraf Carl von Hessen (1744–1836).

Schon um 1835 produzierte die Carlshütte mehrere hundert verschiedene Produkte, unter anderem Öfen, Dampfmaschinen sowie Haushalts- und landwirtschaftliche Gerätschaften. Johannes Ahlmann (1851–1939) baute den Betrieb auf bis zu 1100 Mitarbeiter im Jahr 1909 aus. Nach dem frühen Tod seines Nachfolgers im Jahr 1931 übernahm dessen Witwe **Käte Ahlmann** (1890–1963) die Geschäfte. Sie erweiterte den Betrieb Anfang der 1960er Jahre auf zeitweise bis zu 2500 Mitarbeiter und produzierte mit großem Erfolg vor allem emaillierte gusseiserne Badewannen.

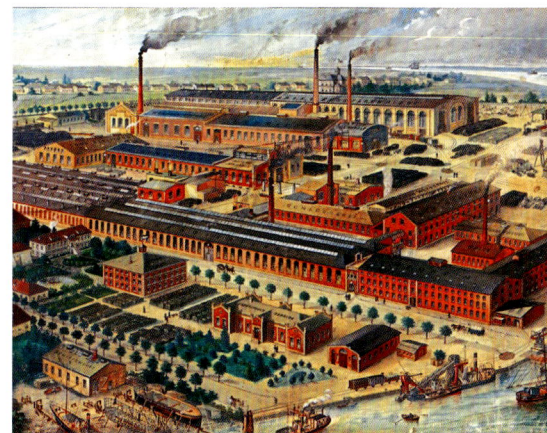

Historische Ansicht der Büdelsdorfer Carlshütte.

In den Jahren von Wirtschaftswunder und Bauboom nach dem Zweiten Weltkrieg war die Carlshütte die größte Badewannengießerei Europas.

Sie überstand zwar zwei Weltkriege und schwierige Nachkriegszeiten. Während der ersten Ölkrise 1974 ging die Carlshütte allerdings zum ersten Mal in den Konkurs, 1997 endete die 170-jährige Firmengeschichte endgültig: Die Ahlmann-Carlshütte wurde stillgelegt.

Weltmarktführer von der Eider

Auf dem Nachbargelände hatte 1946 Josef-Severin Ahlmann, der jüngere Sohn Käte Ahlmanns, das Unternehmen ACO zunächst als Betonwerk gegründet. Heute ist die ACO-Gruppe Weltmarktführer von Entwässerungssystemen mit 4800 Mitarbeitern in über 40 Ländern.

Oldtimer-Segler vor der ehemaligen Pferdehalterei.

1998 kaufte Hans-Julius Ahlmann, Gesellschafter der ACO Gruppe, die stillgelegte Carlshütte mit den gewaltigen Gießereihallen und den historischen Wohn- und Wirtschaftsgebäuden zurück. Die Gießereihallen beanspruchen auf dem 100000 qm großen Grundstück allein eine Fläche von insgesamt 22000 qm (zu besichtigen nur während der NordArt).

 Sehenswert

Besuchermagnet NordArt

Die seit 1999 in den Sommermonaten stattfindende NordArt gehört zu den größten jährlichen Ausstellungen zeitgenössischer Kunst in Europa. Sie bietet ein jährlich neu konzipiertes Panorama internationaler zeitgenössischer Kunst in einem besonderen Ambiente. Mehr als 200 ausgewählte Künstler aus aller Welt zeigen ihre Bilder, Fotografien, Videos, Skulpturen und Installationen vor der einzigartigen Kulisse der Carlshütte und im historischen Skulpturenpark. Die NordArt zieht mittlerweile jedes Jahr rund 100000 Besucher an.

Die Ausstellungsfläche umfasst die ehemalige Eisengießerei, außerdem 400 qm der 1913 errichteten ACO Wagenremise, den Park und auch öffentliche Plätze im Stadtgebiet.

www.nordart.de.

Essen und Trinken

Alte Meierei

Zum Ausstellungscafé der NordArt wurde das ehemalige Meiereigebäude von 1800 umgebaut. Es ergänzt damit das historische Gebäudeensemble auf dem Vorwerk.

Erinnerungen an den Eiderkanal

Das Gebäude der **ehemaligen Pferde-halterstelle** (Am Ahlmannkai 9) erinnert an die Zeit des Eiderkanals. Es wurde vermutlich 1784 als eine der vier Pferdehalterstellen entlang des Kanals von der dänischen Krone gebaut. Nach mehreren Umbauten und zuletzt einer gründlichen Renovierung dient es heute als Bürogebäude.

Eine der 1893 auf dem Vorwerksgelände erbauten Hallen ist die heutige **ACO Thormannhalle**. Ihr Name hält die Erinnerung an den wohlhabenden Rendsburger Holzhändler Theodor Thormann (1849–1919) wach, nach dem in Rendsburg auch ein Platz benannt wurde. Nicht zuletzt der Bau des Nord-Ostsee-Kanals ließ sein Geschäft florieren, das er von seinem Vater übernommen hatte. 60 Meter Bohlwerk an der Eider ermöglichten es auch größeren Segelschiffen, dort zu laden und zu löschen.
Nach Umbauten und gründlicher Renovierung wird die Halle seit 2011 für Veranstaltungen genutzt. Sie bietet Platz für bis zu 1200 Zuhörer. Jedes Jahr kommen tausende Besucher zu Konzerten im Rahmen des

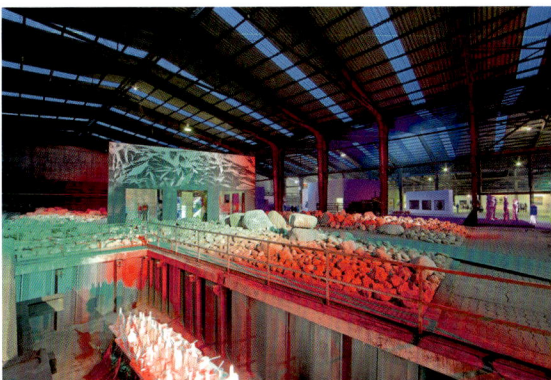

Bedeutende Kunstausstellung – die NordArt in Büdelsdorf.

Schleswig-Holstein Musik Festivals (SHMF) dorthin.

Eisenkunstguss-Museum
Lichte Schau für altes Eisen

Ein modernes Museum für alte Formen: Öfen und Straßenlaternen, aber auch Skulpturen für den bürgerlichen Salon – das 19. Jahrhundert war die Glanzzeit des Eisenkunstgusses. Er lieferte filigrane Kunst und zugleich Massenproduktion. Mit mehr als 1 500 Grad heißem Eisen wurden in Fabriken Ofenplatten geformt, aber auch Gartenstühle oder Statuen in antikisierender Formensprache.
Zu ihrem 70. Geburtstag stiftete Käte Ahlmann 1960 den Bau eines Museums für die Eisenkunstguss-Sammlung, die sie über viele Jahre zusammengetragen hatte. 2010 übernahm die Stiftung Schleswig-Holsteinische Landesmuseen Schloss Gottorf die

Das „Eisenkunstguss-Museum".

sich Teile einer der bedeutendsten in Nordeuropa bekannten Anlagen der Vorgeschichte: das zuletzt zwischen 2013 und 2014 archäologisch untersuchte Grabenwerk aus der Zeit des 4. Jahrtausends v. Chr. Die monumentale etwa 5,6 Hektar große Anlage der Jungsteinzeit, die von mehreren konzentrischen Ringen von Gräben umgeben war, diente zunächst vermutlich als Kultstätte, später als Siedlungsplatz.

Chlorfreien Badespaß verspricht das **Naturerlebnisbad Büdelsdorf**, zu dem das ehemalige konventionelle Freibad (Hermann Ehlers-Platz 15) umgestaltet wurde. Auf dem Parkplatz gibt es Stellplätze für Wohnmobile.
www.freibad-buedelsdorf

Trägerschaft des Museums. Nach einer umfangreichen Modernisierung ist eine lichte Schau für altes Eisen mit moderner Szenografie und interdisziplinärem Ansatz entstanden.

Eisenkunstgussmuseum
Ahlmannallee 5,
Büdelsdorf 24782
www.schloss-gottorf.de

▶ Entdecken und Erleben

Der historische Treidelweg aus der Zeit des Eiderkanals, über den die Schiffe an bis zu 200 Meter langen Leinen gezogen („getreidelt") wurden, ist heute ein beliebter Wanderweg. Die **Hollerschen Anlagen** wurden zwischen 1840 und 1850 als Eichen- und Buchenhochwald am Südrand Büdelsdorfs angelegt. Darunter verbergen

Essen und Trinken
Fährhaus Hollersche Anlagen
An der Liebesbuche/Am Treidelweg 14,
24782 Büdelsdorf,
www.bruecke.org

Blick auf Obereider, Kanu-Verleih, Bootssteg für Wasserwanderer

Megayachten vom Nord-Ostsee-Kanal

Von der Rader Hochbrücke fällt der Blick im Vorbeifahren auf das Gelände der **Lürssen-Krögerwerft** unmittelbar am Kanal. Und wenn eine Hundert-Meter-Yacht zu ersten Probefahrten Richtung Ostsee über den Kanal gleitet, ist sie, wenn nicht in Rendsburg, dann auf jeden Fall in Schacht-Audorf vom Stapel gelaufen. Nach dem Zweiten Weltkrieg siedelte sich die 1928 in Warnemünde gegründete Krögerwerft am Audor-

fer See an, zunächst auf der Büdelsdorfer Seite, später dann in Schacht-Audorf. Seit 1987 gehört sie zur Lürssen-Gruppe mit Standorten in Bremen, Hamburg (Blohm+ Voss), Wolgast und Wilhelmshaven. Der Betrieb am Kanal ist auf Megayachten zwischen 60 und 90 Metern Länge spezialisiert. Eines der größten Schiffe ist die 111 Meter lange Yacht „Tis", die auch mit einem eigenen U-Boot aufwarten kann.

Schacht-Audorf ist aus den beiden kleinen Geestdörfern Schacht (1330 erstmals

Eines der 14 000 Sportboote, die jedes Jahr den Kanal passieren.

erwähnt) und Audorf (1340) zusammengewachsen. Der Bau des Nord-Ostsee-Kanals verwandelte das Bauerndorf in einen aufstrebenden Industriestandort. So verlegte im Jahre 1900 das Stahl- und Walzwerk Rendsburg (von 1911 bis 1926 weitergeführt als Eisenhütte Holstein) ein Teilwerk nach Schacht-Audorf wegen der günstigen Lage der Gemeinde am damaligen Kaiser-Wilhelm-Kanal. Durch die Ansiedlung weiterer Industriezweige wuchs die Gemeinde. Unter anderem hat Deutschlands einzige Gongfabrik ihren Sitz in Schacht-Audorf.

 Entdecken und Erleben

Übernachten mit Blick auf Frachter und Traumschiffe ist auch in Schacht-Audorf möglich. Seit 2011 stehen 41 **Wohnmobilstellplätze** unmittelbar am Nord-Ostsee-Kanal zur Verfügung.
www.wohnmobilpark-sad.de

BORGSTEDT

Im Schatten der Autobahnbrücke

Rund 55 000 PKW und LKW rollen täglich über die Rader Hochbrücke. Sie ist ein wichtiges Teilstück der A7, der Nord-Süd-Autobahn von und nach Skandinavien. In ihrem Schatten ist Borgstedt dennoch zu einer beliebten Wohngemeinde gewachsen. Reste alter Großsteingräber deuten wie auch in Büdelsdorf auf alte Siedlungen am Eiderufer hin. Urkundlich erwähnt wurde das Dorf zum ersten Mal 1375, als das Gut Borgstede verkauft wurde. Der Name ist als „Burgstätte" zu deuten.

Auch in Borgstedt zieht sich wie schon in Büdelsdorf der Treidelweg des Eiderkanals unmittelbar am Eider-Ufer entlang.

Bis zum ersten Ausbau des Nord-Ostsee-Kanals mussten sich die Schiffe dicht am Dorf vorbei durch die Borgstedter Enge quälen. Damals folgte der Kanal dort noch dem Bett der Eider. Erst mit einem Durchstich zur Kanal-Begradigung entstand zwischen 1910 bis 1914 die **Rader Insel**. Der Kanalaushub verlängerte damals die Insel nach Westen.

Für Segler auf dem Weg von der Nord- in die Ostsee bieten sich der ruhige Eiderarm hinter der Rader Insel mit den Anlegestegen des Borgstedter Yachtclubs oder der Marina Schreiber als beliebter Zwischenstopp an. Die Marina Schreiber ist hervorgegangen aus einem ehemaligen Sandsteinwerk auf der Insel.

Mit Borgstedt ist die Insel seit 1937 durch eine Brücke verbunden.

Am östlichen Rand des Dorfes ragt am Borgstedter See das hölzerne Gerippe des europaweit einmaligen **Erdmagnetfeld-simulators** der Deutschen Marine empor – besonders deutlich von der Kanalsüdseite zu erkennen. Gebaut wurde die Anlage zur Vermessung der magnetischen Signatur zum Beispiel von U-Booten oder Minen-suchbooten. Dabei kann das natürliche Erd-magnetfeld jedes beliebigen Ortes der Erde simuliert werden, die Magnetfelder der Schiffe werden dann dementsprechend zu ihrem Schutz angepasst. Die 2003 gebaute Anlage ist 113 Meter lang, 29 Meter breit, über Wasser 28 Meter hoch und unter Wasser 18 Meter tief.

Sorgenkind Rader Hochbrücke

Genau 1497,5 Meter lang ist die zwischen 1969 und 1972 gebaute Brücke, 14 Pfeiler-paare tragen bei Kanal-Kilometer 68 die A7 über Eider und Nord-Ostsee-Kanal. Nicht zuletzt die rasante Zunahme des LKW-Ver-kehrs hat den Beton schneller mürbe wer-den lassen als berechnet. 90 Jahre lang hät-te die Brücke eigentlich halten sollen. Be-

Der geplante Neubau der Rader Autobahn-Hochbrücke.

reits 2013 wurden jedoch erhebliche Schäden an den Pfeilerköpfen der Brücke festgestellt. Bis der Brücken-Neubau fertig ist, wird die Brücke ständig kontrolliert und immer wieder repariert, Stahlmanschetten sichern die Pfeilerköpfe. Als Termin für die ersten drei Spuren des Ersatzbaus steht das Jahr 2026 im Raum, bis 2029 sollen alle sechs Spuren über den Kanal fertig sein. Kosten nach heutigen Berechnungen: 320 Millionen Euro.

 Entdecken und Erleben

Baden mit Blick auf den Kanal und die Rader Hochbrücke: Die Gemeinde besitzt eine **Badestelle** an der Borgstedter Enge hinter der Rader Insel.

Der „Rader Durchstich"

Vom Restaurant **„Aalkate"** auf der Kanalsüdseite schweift der Blick zur **Rader Insel**, zur Hochbrücke oder auch zur Mündung der **Schirnau** genau gegenüber. Eine Verbindung zur Insel gibt es jedoch nicht mehr. Beim ersten Ausbau des Nord-Ostsee-Kanals zwischen 1907 und 1914 schuf der 2,5 Kilometer lange „Rader Durchstich" zwar eine gerade Verbindung zwischen Schirnauer und Audorfer See, und Schiffe der kaiserlichen Marine konnten jetzt sogar auf dem See wenden. Er trennte Rade jedoch von seinem nördlichen Gemeindegebiet. Immerhin

Eine Badestelle an der Eider in Borgstedt.

existierten auf der neuen Insel zu der Zeit eine Kalksandstein- und eine Koksfabrik. Sie war bis dahin über eine Bahnverbindung mit Osterrönfeld verbunden. Bis 1937 hielt zumindest eine Trajektfähre, die außer Pferdegespannen und Fußgängern auch Eisenbahnwaggons transportieren konnte, diese Verbindung aufrecht. Danach mussten sich die Inselbewohner nach Borgstedt umorientieren. Seitdem wird immer mal wieder über eine Bereinigung des Wirrwarrs von Gemeindegrenzen zwischen den drei beteiligten Dörfern Rade, Schacht-Audorf und Borgstedt gesprochen. Ergebnis offen.

Der Durchstich bei Rade.

RADE

Fischer seit mehr als 150 Jahren

Die Eider, der Schirnauer- und der Audorfer See sind heute Teil des Nord-Ostsee-Kanals. Doch bevor 1784 der Eiderkanal eröffnet wurde und gut hundert Jahre später 1895 der Kaiser-Wilhelm-Kanal, lebte bereits die Fischerfamilie Brauer am Ufer des Schirnauer Sees. Der erste Brauer zog 1804 als Dorfschullehrer nach Rade. Damals war es üblich, dass die schlecht bezahlten Lehrer nebenbei zum Beispiel Landwirtschaft betrieben, Brauer fuhr stattdessen im Sommer zur See. Die nächsten Brauer-Generationen ab Anfang der 1850er Jahre wurden lieber gleich Fischer – und so ist es bis heute geblieben. Inzwischen hat Brauer-Tochter Claudia Pfalzgraf, Lehrerin und Fischwirtin zusammen mit ihrem Schwager, Fischermeister Thomas Philipson, in der sechsten Generation den Fischerei-Betrieb übernommen. Das 16 Kilometer lange Revier reicht von Schacht-Audorf bis Königsförde. Die seit 1995 bestehende „Aalkate" wird weiterhin von Vater Hans Brauer und Mutter Gerda betrieben.

Wenn im Frühjahr die Heringe zum Laichen in den Kanal kommen, wird seit über 30 Jahren das Heringsfest gefeiert. Daneben ist der Kanal unter anderem auch Heimat für Brassen, Aal, Zander oder Hecht und zunehmend auch für durch Schiffe eingeschleppte Exoten wie zum Beispiel die Schwarzmundgrundel aus dem Schwarzen Meer.

Das **Dorf Rade** (1487 Dorp Thom Rade, abgeleitet von „roden") mit alten Hofanlagen, viel Grün und gut 200 Einwohnern ist überwiegend landwirtschaftlich strukturiert. Einst existierten hier elf Ziegeleien. Alle gehörten dem Rendsburger **Festungsbaumeister Domenico Pelli** (1657–1728). Kein Wunder, dass nahezu alle Ziegelsteine zum Bau der Festung Rendsburg aus diesen Betrieben stammen. 1901 waren die Lehmvorkommen abgebaut, die letzte Ziegelei musste schließen.

Essen und Trinken

Brauers Aalkate
Schirnauer See 5, 24790 Rade
www.brauers-aalkate.de

Traditionsreiches Restaurant mit Terrasse unmittelbar am Kanal, eigene Räucherei und Fischverkauf, im Frühjahr Heringsfeste.

BÜNSDORF

Zwischen Wittensee und Kanal

Im Süden begrenzt der Kanal das Gebiet der um das Jahr 1100 zum ersten Mal erwähnten Gemeinde, im Norden der **Wittensee**, mit knapp zehn Quadratkilometern und einer Wassertiefe von stellenweise über 20 Metern einer der größten Seen des Landes.

Vom südöstlichen Zipfel des Sees plätschert die **Schirnau** durch das Dorf und mündet drei Kilometer weiter unweit des Gutes **Schirnau** in den Nord-Ostsee-Kanal. Das Gut entstand Anfang des 16. Jahrhunderts zunächst als Meierhof des Gutes Sehestedt. Heute ist der Betrieb auf den Kartoffelanbau spezialisiert, bietet dazu auch Führungen an und seit 2011 außerdem eine Kochschule mit den Schwerpunkten gesunde Ernährung und regionale Produkte.

Und ausgerechnet dort sollte kurz vor dem Zweiten Weltkrieg ein **U-Boot-Stützpunkt** entstehen, die kleine Au zum tiefen

Verbindungskanal ausgebaggert werden. Beweise für derartige Pläne der Kriegsmarine fehlen zwar, dennoch hat das Gerücht ein zähes Leben. Bekannt und belegt durch Dokumente in den Archiven der Wasser- und Schifffahrtsverwaltung ist nur, dass in den Jahren 1938 und 1939 hektisch an Plänen zum Kanalausbau gearbeitet wurde – wie schon vor Beginn des Ersten Weltkriegs. In diesem Zusammenhang sollte für fast fünf Millionen Reichsmark ein neuer, drei Kilometer langer Kanal (Wassertiefe vier Meter) gegraben und eine Schleuse gebaut werden, dies nur, um im Wittensee bis zu 16 Millionen Kubikmeter Baggergut aus dem Nord-Ostsee-Kanal abzuladen. Daraus wurde nichts mehr – glücklicherweise.
www.gut-schirnau.de

 Sehenswert

Vom Ende des 13. Jahrhunderts stammt die Bünsdorfer **St. Katharinenkirche**, nach einem verheerenden Feuer 1659 als Feldsteinbau mit einer halbrunden Apsis und einem hölzernen Turm wiedererrichtet; barocker Altar, Kanzel und Taufe aus dem 17. Jahrhundert.

 Entdecken und Erleben

Bünsdorf gehört zum **Naturpark Hüttener Berge**, einer durch die Eiszeit geformten Hügellandschaft. Geprägt wird sie durch ihre Seen- und Knicklandschaft – beliebt bei Radfahrern und Wanderern. Höchste Erhebung ist der 98 Meter hohe Aschberg.
www.naturpark-huettenerberge.de

SEHESTEDT

Geteilt durch den Kanal

Durch den Bau des Nord-Ostsee-Kanals wurde der Ort getrennt. Die Kirche, das Gut und die Schule lagen nun plötzlich auf der Nordseite, die Bauerngehöfte auf der Südseite des Kanals. Noch mehr als andere Kanalgemeinden waren und sind die Sehestedter deshalb auf die Fähre angewiesen, die bei Kanalkilometer 75,331 die beiden

Die Sehestedter Kanal-Fähre.

Die romanische Kirche St. Peter und Paul in Sehestedt.

Das Gut Sehestedt.

Ortsteile verbindet. Heute lebt mehr als die Hälfte der Sehestedter auf der Nordseite.

Unmittelbar am Nordufer ragt neben der Fähre die **Kirche St. Peter und Paul** empor, ein romanischer Feldsteinbau (1319 zum ersten Mal erwähnt) mit einem hölzernen Turm.

Westlich des Fähranlegers drängen sich meist Wohnmobile dicht an dicht. Die Übernachtung mit Kanalblick ist äußerst beliebt, ebenso auch der neugestaltete Imbiss oberhalb des Parkplatzes.

Ebenfalls auf der Nordseite liegt das **Gut Sehestedt** (privat), aus einer Wasserburg hervorgegangen und eines der ältesten Güter im ehemaligen Herzogtum Schleswig. Bereits im Jahr 1282 ist ein Reimer Sehestedt erwähnt. Vermutlich gab das Adelsgeschlecht der Sehestedts dem Dorf auch seinen Namen. Im Lauf der Jahrhunderte haben die Besitzer seitdem oft gewechselt, und das Gutshaus hat sein Äußeres mehrfach verändert. Das heutige Gebäude stammt aus dem frühen 18. Jahrhundert mit einem Frontispiz von 1889. Die alten Scheunen und Katen an der langen Hofallee stehen zum Teil unter Denkmalschutz.

Das **Denkmal für das Sehestedter Gefecht** vom 10. Dezember 1813 führt zurück in die Verwicklungen der Napoleonischen Kriege, aber auch der schleswig-holsteinischen Geschichte. Während die französische Hauptarmee nach der Niederlage in der Völkerschlacht bei Leipzig nach Wes-

Das „Schotten-Denkmal".

ten floh, wollten die mit Frankreich verbün-
deten Dänen nach Norden ausweichen.
Schleswig und Holstein waren damals Teil
des dänischen Gesamtstaates.
Alliierte Einheiten aus Schweden, Russen
und Preußen versuchten, den dänischen
Truppen in Sehestedt den Rückzug abzu-
schneiden. Doch trotz der für beide Seiten
verlustreichen Kämpfe – fast 1700 Soldaten
und Offiziere kamen an dem Tag ums Leben – konnten sie nicht verhindern, dass
sich die etwa 9000 Dänen in die schützen-
de Festung Rendsburg zurückziehen konnten.

Das steinerne **„Schottendenkmal**" auf
der Kanal-Südseite (Bovenauer Straße/ Alte
Dorfstraße) erinnert an ein tragisches Un-
glück im September 1974. Während des
multinationalen Nato-Manövers „Bold
Guard" sprangen 500 britische Fallschirm-
jäger über Sehestedt ab. Für sechs schotti-
sche Soldaten endete die Übung tödlich:
Sie wurden zu früh abgesetzt und aufgrund
einer Verwechslung des befeuerten Kanals

Denkmal der Sehestedter Schlacht von 1813.

mit einer beleuchteten Straße sprangen sie
mit ihrer 80 Kilogramm schweren Ausrüs-
tung in den Nord-Ostsee-Kanal, sechs von
ihnen ertranken.

Das „Haus der Geschichte".

Infopark" spielerisch verpackt über regenerative Energien. Dabei können auf dem Gelände eines Windparkentwicklers ein Labyrinth, ein Kugelgarten, ein Mühlespiel, ein Haus des Windes und eine Aussichtsplattform erkundet werden.
www.dw-infopark.de

Der **Freizeitpark Sehestedt** neben dem Imbiss auf der Kanal-Nordseite bietet diverse Spielgeräte wie Rutschen, Karussell, Schaukel oder Kinderseilbahn und Klettergeräte. Außerdem gibt es Felder für Basketball oder Fußball.

▶ Sehenswert

Das ehemalige Pastorat beherbergt heute Sehestedts **„Haus der Geschichte",** das Dorfmuseum. Der reetgedeckte eingeschossige Breitbau mit seinen vier Säulen und der Segmentbogengaube gilt als schönes Beispiel ländlich-klassizistischer Architektur.

Dorfmuseum Sehestedt
Haus der Geschichte
24814 Sehestedt, Kirchenweg 14
www.dorfmuseum-sehestedt.de

▶ Entdecken und Erleben

Auf dem **„Windmühlenberg"** westlich des Dorfes (an der Landstraße L42 Richtung Rendsburg) informiert der „Denker & Wulf

Essen und Trinken

Imbiss Sehestedt
Fährstraße, 24814 Sehestedt
www.imbiss-sehestedt.de

Logenplatz mit Blick auf Kanal und Fähre, Markttreff mit regionalen Produkten, Wohnmobilstellplatz.

Landhaus Sehestedt
Hauptstraße 22,
24814 Sehestedt
www.landhaus-sehestedt.de

Das Dorf der fünf Güter

Auf dem Weg von der Kanalfähre Sehestedt ins Dorf **Bovenau** säumt eine ganze Reihe Sehenswürdigkeiten der Gemeinde die Straße: das **Gut Osterrade** mit seinem eleganten Säulenvorbau, die restaurierte **Eiderkanalschleuse von Kluvensiek** und – versteckt hinter Bäumen und der ehemaligen Meierei – das **Herrenhaus von Kluvensiek**.

Bovenau ist das Dorf der Güter (alle in Privatbesitz). Die beiden ältesten sind das aus einer kleinen mittelalterlichen Wasserburg hervorgegangene **Kluvensiek** und das im 16. Jahrhundert entstandene **Osterrade**. Das Herrenhaus von Kluvensiek ist geprägt von Umbauten des Jahrs 1837 und Ergänzungen des frühen 20. Jahrhunderts. Landwirtschaftlicher Betrieb und Gutshaus gehören heute unterschiedlichen Besitzern. Auf Osterrade, dessen Herrenhaus nach einem Feuer 1829 auf den alten Fundamenten neu errichtet wurde, wird eine Pferdezucht betrieben.

In den 1920er Jahren wurde **Dengelsberg** von Kluvensiek abgetrennt, aus jener Zeit stammt auch das Wohnhaus. Auch das unmittelbar am Nord-Ostsee-Kanal liegende **Gut Steinwehr** war ursprünglich ein Meierhof von Kluvensiek (Herrenhaus von 1932). Auf 20 Hektar werden dort heute Beerenobst und Kirschen für Selbstpflücker angebaut, außerdem gibt es ein Gartencafé unter alten Bäumen.

Georgenthal entstand mit dem Bau des Eiderkanals, der die Ländereien vom Gut Osterrade abtrennte. 1798 wurde deshalb ein Meierhof errichtet, aus dem der heutige Landwirtschaftsbetrieb hervorging.

Gut Steinwehr.

▶ Sehenswert

Die restaurierte Schleuse des Eiderkanals

Noch rund sechs Kilometer des 1785 fertiggestellten Eiderkanals sind zwischen Kluvensiek und Klein Königsförde erhalten –

Blick durch die Kluvensieker Schleuse.

ein stilles Naturidyll, das vorwiegend von Anglern genutzt wird.

Im Jahre 2012 wurde die Schleuse von Kluvensiek restauriert. Etwa zwei Meter betrug hier der Schleusenhub. Ein Pavillon informiert über die mehr als 200 Jahre alte Wasserstraße.

Die sechs Schleusen des Eiderkanals gehören zu den bedeutendsten Ingenieurleistungen im Kanalbau des 18. Jahrhunderts. Sie bestanden aus einer Hauptkammer von 35 Metern Länge, 7,8 Metern Breite und 3,5 Metern Tiefe zum Durchschleusen der Schiffe sowie einer Nebenkammer zur Regulierung des Wasserstandes.

Über alle Schleusen führten Klappbrücken nach holländischem Vorbild. Doch nur bei der Schleuse von Kluvensiek wurden 1850 die hölzernen Brückenbögen durch ein gusseisernes Paar ersetzt, angefertigt wurde es in der Büdelsdorfer Carlshütte. Das Wappen mit dem Initial „F" und der Zahl 7 steht für die Regierungszeit des dänischen Königs Frederik VII. (reg. 1848–1863).

Unweit der Schleuse sind das Schleusenwärterhaus und die einst für 24 Pferde ausgelegte alte Pferdehalterei des Eiderkanals erhalten.

Protest der Gutsbesitzer

Ursprünglich war es nur in Kiel, Rendsburg und im Eiderhafen Tönning erlaubt, Ladung zu nehmen oder zu löschen. Nach heftigen Protesten der Gutsbesitzer, darunter auch der damaligen Besitzerin des Gutes Sehestedt sowie des Eigentümers von Osterra-

Die gusseisernen Brückenbögen in Kluvensiek stammen aus der Büdelsdorfer Carlshütte.

Die Maria-Magdalenen-Kirche in Bovenau.

cher Produkte geradezu an. So entstanden in der Folgezeit weitere Lösch- und Ladeplätze entlang des Kanals.

Die Kirche von Bovenau

Bovenau („Boven der Au", das heißt: oberhalb der Mühlenau) wurde 1240 in Zusammenhang mit der Kirchgründung zum ersten Mal erwähnt, besiedelt war die Gegend jedoch schon in vorgeschichtlicher Zeit. Die **Maria-Magdalenen-Kirche** liegt inmitten eines Ensembles von Pastorat, ehemaliger Schule sowie einem landwirtschaftlichen Wohn- und Wirtschaftsgebäude des 18. Jahrhunderts. Die Grabanlagen der Gutsherren legen Zeugnis der Bovenauer Geschichte ab.

▶ **Entdecken und Erleben**

Die Güter der Gemeinde lassen sich auf einer dreistündigen Kutschfahrt erkunden, die auch zu den Resten des Eiderkanals führt.
www.peper-kutschfahrten.de

Essen und Trinken
Himbeerhof Steinwehr
24796 Steinwehr (Bovenau), Steinwehr 16
www.himbeerhof.de
Ab Mai geöffnet, Kaffeegarten, Erdbeeren, Himbeeren, Johannisbeeren zum Selbstpflücken

de, Kluvensiek und Steinwehr, wurde diese Regelung jedoch bereits 1785 aufgehoben. Schließlich bot sich der Eider-Kanal für den problemlosen Transport landwirtschaftli-

Ein König auf der Flucht und ein Kaiser zum Frühstück

Kanal und Gemeindegrenzen trennen **Klein Königsförde** (Gemeinde Krummwisch) am Südufer von **Großkönigsförde** im Norden, das zum Dorf Lindau gehört. Verbindungen zwischen Nord und Süd bestehen nur über die Fähren von Sehestedt und Landwehr.

„Koningesvoerde", nämlich „Königsfurt", hieß eine Siedlung bereits im 14. Jahrhundert, und „Königsfurt" heißt noch heute eine Straße auf der Kanalsüdseite.

Im Jahr 1227 soll der dänische König Waldemar II. auf dem Weg zu einer Eider-Furt hier entlang geritten sein. Kurz zuvor hatte der Herrscher mit dem stolzen Beinamen „Sejr" (Sieger) bei Bornhöved eine entscheidende Schlacht gegen eine Allianz aus holsteinischem Adel, den stets widerborstigen Dithmarschern und der jungen Reichsstadt Lübeck verloren. Danach stand die Eider als Grenze zwischen dänischem und deutschem Einfluss für die nächsten gut 600 Jahre fest.

Heute ist die Eider bis zum Flemhuder See vollständig im Nord-Ostsee-Kanal verschwunden. „Königsförde" ohne den Zusatz „Groß" oder „Klein" heißen nur die Kanalweiche und die restaurierte Schleuse des alten Eiderkanals in Kleinkönigsförde.

Mit dem Bau des Nord-Ostsee-Kanals entstand sogar noch ein **Neu-Königsförde**, eingezwängt zwischen der neuen Wasserstraße und dem alten Kanal. Dadurch wurde das zum Gut Lindau gehörende **Gutshaus von Königsförde** von der Nordseite abgetrennt. Der neue Ortsteil mit dem idyllisch über dem Eiderkanal thronenden Gebäude aus dem 19. Jahrhundert wurde

Die Eiderkanal-Schleuse von Königsförde.

schließlich Kleinkönigsförde und damit der Gemeinde Krummwisch zugeschlagen. Während des Baus des Nord-Ostsee-Kanals diente das Haus dem leitenden Bauingenieur als Quartier. Im April 1891 war Kaiser **Wilhelm II**. zum Frühstück dort zu Gast.

Die hölzernen Brückenbögen der Königsförder Schleuse.

Ab Kanal-Kilometer 80 wird es eng

In **Großkönigsförde** auf der Nordseite beginnt jetzt der seit Jahren geplante und immer wieder verzögerte Ausbau der Oststrecke des Nord-Ostsee-Kanals. Voraussichtlich bis 2024 wird es dauern, um auf den 4,3 Kilometern bis Schinkel das nördliche Ufer abzutragen, um den Kanal zu verbreitern.

Der Westteil des Kanals wurde bereits ab 1965 auf 162 Meter erweitert, der Ostteil ist noch auf dem Ausbaustand wie vor hundert Jahren: streckenweise nur 102 Meter breit mit einer Sohlenbreite von 44 Metern. Für die immer größer werdenden Schiffe im Kanal bedeutet dies oft genug lästige Wartezeiten an den Ausweichstellen. Mit der Modernisierung sollen die engen Kurven abgeflacht und eine Sohlenbreite von mindestens 70 Metern erreicht werden.

Nordsee mitten im Land

Die Grenze von Krummwisch zur Nachbargemeinde Quarnbek bildet der **Flemhuder See**, früher im Unterschied zum Westensee auch „Nordsee" genannt. So lag das heute abgebrochene Gut **Groß Nordsee** „nördlich des Sees", des Westensees nämlich. Für den Kanalbau wurde 1888 ein großer Teil des Sees von der Kanalverwaltung für die Ablagerung des Kanal-Aushubs enteignet, außerdem die Fläche des Kanalbetts selbst und ein Schutzstreifen am Rand. Der Rest des Gutes wurde 1950 in kleinere Höfe aufgeteilt.

▶ Entdecken und Erleben

Auf dem Gebiet der Gemeinde Krummwisch sind 1,5 km des **Eiderkanals** erhalten. Die **Königsförder Schleuse** ist eine
der sechs Kastenschleusen zwischen Kiel
und Rendsburg. Sie wurde zusammen mit
der hölzernen **Holländerklappbrücke**
1987/88 restauriert.
Ein Spaziergang führt vom kleinen Parkplatz in Kleinkönigsförde etwa 700 Meter
am Eiderkanal entlang zu der restaurierten
Schleuse.

Essen und Trinken
Landgasthof Lindenkrug
(Nordseite)
www.lindenkrug.eu
Dorfstr. 46, 24214 Großkönigsförde.
Vom Apfelgarten direkter Blick auf
den NOK, Galloway-Rindfleisch aus
eigener Zucht

●●● Abstecher

Sanfte Hügel und geschichtsträchtige Güter

Der von der Eider durchflossene **Westensee** mit seinen vielen Buchten bildet das
Zentrum des gleichnamigen Naturparks.
Rund 20 Rundwanderwege führen durch
eine sanfte Hügellandschaft zu Seen, Wäl-
dern und Landschaftsschutzgebieten. Aus
dem 13. Jahrhundert stammt die St. Catha-
rinenkirche mit ihrem frühgotischen Feld-
steinschiff in der Gemeinde Westensee.

Der „Teufelsstein" bei Groß-Königsförde.

Emkendorf (Baujahr 1730), **Deutsch-
Nienhof**, **Schierensee** oder auch **Bossee**
zählen zu den bedeutendsten der zahlreichen geschichtsträchtigen Güter rund um
den Westensee. Zum Teil werden Führungen und Veranstaltungen angeboten.
www.tourismus-naturpark-westensee
www.gutemkendorf.de
www.gutschierensee.de
www.bossee.de

Großgrundbesitzer und Deichbauer

Bei **Landwehr**, Kanalkilometer 86,8, pendelt die östlichste Autofähre über den Kanal. Sowohl auf der Nord- wie auf der Kanalsüdseite führen die Zufahrten von der Fähre als Hohlwege zwischen steilen Abhängen bergauf – ein Zeichen dafür, wie

Das Torhaus von Gut Quarnbek.

tief die Wasserstraße dort in die Hügellandschaft eingegraben werden musste.

Die Gemeinde verdankt ihren Namen dem seit dem Mittelalter bekannten **Gut Quarnbek** („Quarn" bedeutet Mühle, „Bek" ist der Bach). Mehrfach wechselten im Laufe der Jahrhunderte die Besitzer. Zu den schillerndsten Figuren zählte vermutlich **Jean Henri Desmercières** (1687–1778), illegitimer Sohn eines in den dänischen Grafenstand erhobenen französischen Buchhändlers. Ihm gehörten zeitweilig auch die Güter Emkendorf, Warleberg und Rathmannsdorf. Nicht nur als Bankdirektor und Großgrundbesitzer war Jean Henri außerordentlich erfolgreich, sondern auch bei der Landgewinnung an der Westküste. So trägt der **Desmercières-Koog** südlich von Bredstedt seinen Namen, der Elisabeth-Sophien-Koog wurde nach seiner Frau benannt, der Reußenkoog nach seinen Erben aus dem Haus Reuß.

Wie bei vielen anderen Gütern gehören auch in Quarnbek Herrenhaus und landwirtschaftlicher Betrieb mittlerweile unterschiedlichen Besitzern. Anfang des 20. Jahrhunderts entstand im Jugendstil das sogenannte „neue" Herrenhaus, bisher genutzt als Seminar- und Tagungsgebäude, daneben existiert noch ein schlichtes „altes" Herrenhaus.

Das wuchtige **Torhaus** von Gut Quarnbek stammt aus dem Jahr 1671. Erbaut wurde es in der Zeit der Familie von Kielmannseck (später: von Kielmannsegg).

▶ Sehenswert

Aus der Mitte des 13. Jahrhunderts stammt die frühgotische **Feldstein-Saalkirche St. Georg und Mauritius in Flemhude** (Gemeinde Quarnbek). Das barocke Türmchen über der Westfassade wurde 1766 aufgesetzt. Der Altar von 1685 gilt als ein Hauptwerk des Akanthusbarock im Lande, die spätromanische Kalkstein-Taufe des 13. Jahrhunderts stammt von der schwedischen Insel Gotland.

Der Name des hübschen Dorfes mit seinen Reetdachhäusern und alten Bäumen bedeutet so viel wie Stapel- oder Anlegeplatz der Flamen, was auf einen alten Handelsweg flämischer Kaufleute nach Kiel hinweist. In **Flemhude** wurden die Waren vom Schiff auf Wagen umgeladen und angeblich sogar unter dem Kirchendach zwischengelagert.

Flemhuder See und Achterwehrer Schifffahrtskanal

Vor dem Kanalbau lag **Flemhude** unmittelbar am gleichnamigen See, der von der Eider durchflossen wurde. Mit dem Bau des Nord-Ostsee-Kanals änderte sich das Landschaftsbild radikal. Die neue Wasserstraße berührte nun das Nordende des Flemhuder Sees, und weil der Kanal in etwa auf Meeresspiegelhöhe durchs Land führen sollte, musste der Wasserspiegel des Sees abgesenkt werden – und zwar um stolze sieben Meter. Der See schrumpfte von 234 auf 90 Hektar, Flemhude saß auf dem Trockenen.

Die St. Georg und Mauritius-Kirche in Flemhude.

Das neu gewonnene Land wurde zum Ablagern von Baggergut genutzt.

Um ein zu schnelles Entwässern der umliegenden Ländereien zu verhindern, wurde zunächst ein Ringkanal neben dem Flemhuder See gebaut. Er leitete auch die aus dem Westensee kommende Eider zum Nord-Ostsee-Kanal. Im Zusammenhang mit dem ersten Ausbau des Nord-Ostsee-Kanals von 1908 bis 1914 wurde der Ringkanal dann zum 2,9 Kilometer langen **Achterwehrer Schifffahrtskanal** erweitert. Genutzt wurde er damals vor allem für den Getreidetransport. An der Mündung östlich des Flemhuder Sees glich die 1913 erbaute Schleuse Strohbrück den Höhenunterschied von 6,74 Metern zwischen den beiden Kanälen aus. Im Jahr 2001 wurde sie wegen Baufälligkeit und mangels wirtschaftlicher Bedeutung stillgelegt.

Heute sind der See und der kleine Kanal ein landschaftliches Idyll mit hohem Erholungswert, und statt Getreidefrachtern sind höchstens noch Paddler auf dem Kanal zu sehen. Der alte Speicher in **Achterwehr** wird von einem Bootsverleih genutzt.

Das jetzt beim geplanten Ausbau der Oststrecke des Kanals anfallende Baggergut soll am Flemhuder See nur zwischengelagert werden. Dafür wurde bereits 2016 ein Arbeitshafen angelegt.

www.kanuverleih-achterwehr.de
www.kajakverleih-achterwehr.de

SCHINKEL

Neo-Renaissance am Kanal

Abseits der Durchgangsstraße liegt an der NOK-Fahrradroute das **Gut Rosenkrantz,** hervorgegangen aus der mittelalterlichen Wasserburg der Herren von Schinkel. Der Burggraben ist heute verschwunden, erhalten ist dagegen südlich der Hofanlage und kurz vor dem Nord-Ostsee-Kanal ein winkeliges, 700 Meter langes Reststück des Eiderkanals. Die Hofanlage verbirgt sich hinter dem eleganten Torhaus von 1895 mit seiner Säulenfront. Im Stil der italienischen Hochrenaissance umgestaltet wurde damals auch das Herrenhaus.

Seinen jetzigen Namen erhielt das Gut im Jahr 1828. Der damalige Besitzer Robert Weber war mit Axeline Rosenkrantz aus dem alten, in Dänemark wie auch in Norwegen verbreiteten Adelsgeschlechts verheiratet. Ihr zu Ehren taufte er das Gut um. Er selbst wurde als Weber von Rosenkrantz geadelt.

Die heutigen Besitzer führen das Gut als Bioland-Betrieb, spezialisiert auf Bio-Futtermittel.

Der Fuß- und Radweg führt weiter zum Nord-Ostsee-Kanal zur Weiche Groß-Nordsee mit einer Signalstation.

www.gut-rosenkrantz.de

Gut Rosenkrantz in Schinkel.

NEUWITTENBEK

Die älteste urkundliche Erwähnung von **Neuwittenbek** (Wittenbek bedeutet „weißer Bach") stammt aus dem Kieler Stadtbuch von 1264. Vom 16. Jahrhundert bis 1876 gehörte das Dorf zum **Gut Warleberg,** das ebenfalls seit dem Mittelalter besteht. Eng verbunden war es zeitweise mit dem **Warleberger Hof** in Kiel (heute Stadtmuseum): 1695 hatte der damalige Gutsbesitzer Henning von Thienen das städtische Anwesen erworben. Das jetzige Gutshaus stammt vom Anfang des 20. Jahrhunderts, 1905 entstand das ungewöhnliche Kuhhaus mit seinem spitz überdachten Glockenhäuschen. Als 1928 die Gutsbezirke endgültig aufgelöst wurden, kam das Gut unter anderem mit dem Außenbezirk Landwehr zur Gemeinde **Neuwittenbek**. Altwittenbek wiederum, Teil des **Gutes Rathmannsdorf** (Herrenhaus von 1718, Privatbesitz), wurde der Gemeinde Felm zugeschlagen; erst seit 1984 gehört es mit den Ortsteilen Levensau und Fahrenhorst zu Neuwittenbek.

Essen und Trinken

Obstcafé Gut Warleberg
Gut Warleberg, 24214 Neuwittenbek
www.warleberg.de

Geöffnet ab Mai (Wochenenden),
Juni bis September täglich
Panaromablick auf den Nord-Ostsee-
Kanal; Obst und Früchte zum
Selbstpflücken

Café Kanalgarten
Hauptstraße 21 A,
24214 Neuwittenbek
www.kanalgarten.de
Mai bis Oktober an Sonn- und
Feiertagen; versteckt gelegen

Levensauer Hochbrücken
Nadelöhr für die Schifffahrt

An der Grenze von Neuwittenbek überspannen auf dem Gebiet des Kieler Stadtteils Suchsdorf gleich zwei Hochbrücken
dicht nebeneinander den Kanal: 125 Jahre
lang verrichtete die erste Levensauer Brücke
als älteste Kanalbrücke ihren Dienst. Züge,
zunächst Pferdegespanne und später dann
immer mehr Autos mussten sich die Brücke
teilen. Erst im Jahr 1984 wurde eine zweite
Straßenbrücke nur für den Autoverkehr
(etwa 22 000 Fahrzeuge pro Tag) errichtet.

Die alte **Levensauer Hochbrücke** wurde
am 3. Dezember 1894 durch Kaiser-Wil-
helm II. noch vor der Eröffnung des Kanals
eingeweiht. Mit ihrem Eisenfachbogen von
163 Metern Spannweite war sie ein „Lieb-
lingskind" des Kaisers. Ihr Aussehen soll angeblich auf seine Ideen zurückgehen. Entworfen wurde sie allerdings von dem preußischen Architekten, Baubeamten und Mit-
begründer des Deutschen Werkbunds,
Hermann Muthesius (1861–1927).

Für die immer größer werdenden Schiffe
wurde die alte Levensauer Hochbrücke als
engste Stelle der Kanalpassage jedoch zunehmend zum Nadelöhr.

Nach zehn Jahren der Planungen haben
nun die Arbeiten für einen Neubau (Kosten:

Die alte Levensauer Hochbrücke.

Die Kaiseryacht HOHENZOLLERN unter der Levensauer Hochbrücke.

60 Millionen Euro) begonnen. Wenn alles klappt, sollen ab 2024 Züge und Fahrzeuge über die neue Brücke rollen, die außerdem einen Geh- und Radweg erhält. Anschließend wird der Kanal auf der Nordseite verbreitert.

Die Widerlager der alten Levensauer Brücke beherbergten im Winter außerdem die größte Schlafgemeinschaft von **Fledermäusen** in Mitteleuropa. Der „Große Abendsegler", eine etwa 30 Gramm schwere Fledermausart, liebt vor allem das Widerlager auf der Süd-Seite. Und das darf auch so bleiben: Der Backstein-Turm des südlichen Brückenwiderlagers bleibt als Winterquartier stehen.

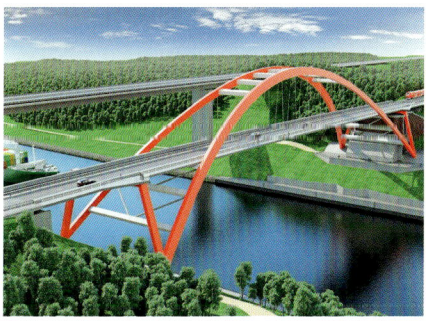

Modell der neuen Brücke.

Herrenhäuser mit Kanalblick

Unmittelbar vor den Toren Kiels blicken zwei weitere Herrenhäuser der an Gütern so reichen Oststrecke des Nord-Ostsee-Kanals auf die Schifffahrtsstraße. Auch ihre Geschichte ist eng mit dem Kanal-Bau verknüpft.

Gut Knoop gilt als eines der schönsten klassizistischen Herrenhäuser im Lande. Architekt des nach längerer Bauzeit im Jahr 1800 fertiggestellten Gebäudes mit seinem übergiebelten Säulenportikus war der dänische Architekt Axel Bundsen (1768–1832).

Zu seinen Entwürfen zählen unter anderem die „Säulenvilla" (Landhaus Brandt) an der Hamburger Elbchaussee und die Kapelle auf dem Alten Friedhof in Flensburg. Die Innenausstattung von Knoop übernahmen der Maler Giuseppe Anselmo Pelicia und der Stuckateur Francesco Anselmo Tadei, die sich der Bauherr Heinrich Friedrich von Baudissin (1753–1818) vom Gut Emkendorf ausgeliehen hatte. Schließlich bestanden enge familiäre Beziehungen zwischen Knoop und Emkendorf: Caroline von Baudissin (1759–1826), geborene Schimmelmann, war die ältere Schwester der auf Emkendorf mit ihrem Gatten Detlev Graf

Das klassizistische Herrenhaus von Gut Knoop.

Reventlow residierenden Julia von Reventlow.

Das Geld für den opulenten Neubau stammte aus der Mitgift und dem väterlichen Erbe: Heinrich Carl von Schimmelmann (1724–1782) hatte im so genannten „Atlantischen Dreieckshandel" mit Sklaven aus Afrika, Zuckerrohr und Rum aus der Karibik sowie Tuch, Waffen und Glasperlen aus Europa ein Vermögen erwirtschaftet. Zeitweilig galt er als reichster Mann Europas.

Der alte Hofgraben um die Wirtschaftsgebäude des Gutes deutet auf die lange Geschichte hin, die bis ins 14. Jahrhundert zurückreicht. Bei den Entwürfen für das neue Herrenhaus orientierte sich Axel Bundsen am Eiderkanal, der dicht am Haus vorbeiführte. Von der Terrasse aus ließ sich auch das Treiben an der heute nicht mehr existierenden Knooper Schleuse des Eiderkanals verfolgen.

Ein Ausflug dorthin entwickelte sich im 19. Jahrhundert für die Kieler zum beliebten Sonntags-Vergnügen. Vor der Brücke über die Schleuse lag die Wohnung des Schleusenwärters mit einer Wirtschaft, rechts befand sich eine zweite Wirtschaft mit Garten, Kegel- und Schießbahn.

Heute können Räume im Herrenhaus selbst für Festlichkeiten gemietet werden, gelegentlich finden Lesungen statt oder Führungen für Gruppen, und der Gartentempel von 1912 steht für standesamtliche Trauungen zur Verfügung.

www.gut-knoop.de

Gut Projensdorf zwischen Eider- und Nord-Ostsee-Kanal.

Gut Projensdorf liegt westlich von Knoop, getrennt durch ein Reststück des Eiderkanals. Der Bau des Nord-Ostsee-Kanals zerriss die Ländereien des mindestens seit dem 16. Jahrhundert bestehenden Gutes. Der Stadtteil Projensdorf südlich des Kanals auf Kieler Gebiet, das „Projensdorfer Gehölz" und die von der Holtenauer Straße abzweigende, endlos lange Projensdorfer Straße sind letzte Zeugen der alten Verbindungen. Das Herrenhaus präsentiert sich als schlichter neoklassizistischer Putzbau der Mitte des 19. Jahrhunderts. Auf dem Restareal des Gutes, das nicht vom Kanalbau oder der Stadt Kiel verschluckt wurde, grasen heute Pensionspferde. Seit 2005 kann man im Gutshaus mit Blick auf den Nord-Ostsee-Kanal heiraten oder den Gartensaal für Veranstaltungen mieten.

www.gut-projensdorf.de

Essen und Trinken

Restaurant Kanalfeuer

Knooper Dorfstraße,
24161 Altenholz-Knoop
www.kanalfeuer.de

Direkter Blick auf den Kanal, Terrasse und Biergarten

●●● Abstecher

Rathmannsdorfer Schleuse

In der Nähe des Gutes Rathmannsdorf ist ein weiteres Stück des **Eiderkanals** erhalten. Der etwa 1,5 Kilometer lange Abschnitt auf dem Gebiet der Gemeinde Altenholz endet an der in den 1980er Jahren restaurierten Schleuse, der dritten der insgesamt sechs Schleusen, die die Höhenunterschiede zwischen Kiel und Rendsburg ausgleichen sollten.

Am Nordufer ist ein Fachwerkgebäude erhalten, das ursprünglich als Treidelscheune errichtet wurde und heute als Wohnhaus genutzt wird.

Die Rathmannsdorfer Schleuse am Eiderkanal.

OTTENDORF

„Schwarzer Bach" und alte Häuser

Zwischen den Kanalkilometern 91,8 und 92,7 erstreckt sich die **Weiche Schwartenbek**, die vorletzte der zwölf Ausweich- und Wartestellen des Kanals. Die Schwartenbek als „schwarzer Bach" war sozusagen das Gegenstück zum „weißen Bach" (Neuwittenbek) auf der Kanal-Nordseite. Heute fließt sie als Ottendorfer Au Richtung Kanal. Das Herrenhaus (Baujahr 1923) des Gutes Schwartenbek liegt schon auf dem Gebiet von Kiel-Suchsdorf.
Einige erhaltene Fachhallenhäuser („Niedersachsenhäuser") und Fachwerkscheunen des 19. Jahrhunderts vermitteln einen Eindruck vom ursprünglichen Charakter des Dorfes. Zwischen Ottendorf und Kronshagen liegt der „Kastanienhof" (privat), ein Fachhallenhaus von 1793.

Entdecken und Erleben

Das 3,6 Hektar große **Tiergehege Suchsdorf** ist eines der kleinsten der fünf Gehege auf Kieler Stadtgebiet. Es liegt zwischen dem Nord-Ostsee-Kanal und der Kronshagen-Ottendorfer Au. In dem beweideten Grünland auf einer Kuppe, die durch Bodenaushub beim Kanalbau entstand, leben Damwild, Muffelwild und Schottisches Hochlandrind. Die vor über 40 Jahren eingerichteten Tiergehege der Stadt haben jährlich mehr als 150.000 Besucher. Der nahe Kontakt zu den Tieren ist für sie immer wieder ein besonderes Erlebnis.
Das Suchsdorfer Gehege ist durch den Kanalwanderweg erschlossen; zu erreichen ist es von der Eckernförder Straße.
www.kiel.de

Gewachsen mit dem Kanalbau

Erst seit 1922 gehört Holtenau zur Stadt Kiel. Der Kanal hat den Ort geprägt und wachsen lassen. Mitte der 19. Jahrhunderts hatte das 1479 erstmals erwähnte Bauerndorf gerade 400 Einwohner, der Kanalbau und der folgende Zuzug von Behörden und Fachpersonal ließ die Zahl schnell auf rund 1000 ansteigen. Als Holtenau schließlich nach Kiel eingemeindet wurde, lebten bereits mehr als 3000 Menschen nördlich des Kanals; inzwischen sind es rund 5000. Die um die Wende vom 19. zum 20. Jahrhun-

dert errichteten Wohnhäuser für Lotsen und Kanal-Bedienstete dominieren bis heute die Kanalstraße. Der Hafenkapitän wohnte zum Beispiel in Nummer 50, das 1895 errichtete Gebäude des Lotsenhauses (Kanalstraße 77) ist baugleich mit den früheren Gebäuden der Lotsenstationen Nübbel und Brunsbüttel.

Die Platanenallee, von der heute noch etwa 70 Bäume erhalten sind, war ein Geschenk des japanischen Kaisers zur Kanaleröffnung.

Mit dem Bau des Nord-Ostsee-Kanals erhielt Holtenau im Jahr 1895 zum ersten Mal

Eröffnungsfeier des Nord-Ostsee-Kanals in Holtenau.

ein eigenes Gotteshaus. Damals noch auf freiem Feld wurde die **Dankeskirche** errichtet. Mit dem Ausbau des kleinen Flugplatzes Holtenau zu einem Militärflugplatz musste 1935 der 52 Meter hohe Kirchturm auf 26 Meter gekürzt und umgebaut werden.

Zu einer beliebten Flaniermeile hat sich der **Tiessenkai** entwickelt. Hier legen segelnde Oldtimer gern an, die den Sommer über mit Passagieren und Mitseglern über die Ostsee schippern. Seinen Namen verdankt der Kai dem legendären **Schiffsausrüster Hermann Tiessen** (1887 in Dithmarschen geboren, 1966 in Kiel gestorben). 1927 gründete er seinen Schiffsausrüsterbetrieb auf einer durch den Kanalbau aufgeschütteten Mole. Sein Sohn Günter (1921 bis 2005), eigentlich Meteorologe, führte den Betrieb noch bis 2004 fort. Bei Tiessen gab es vom Maschinenteil bis zur Zahnbürste alles, was Schiffe und ihre Besatzungen benötigten. Vorbestellt wurde per Funk, geliefert wurde während der Schleusungszeit. Seit 2007 befindet sich in den Räumen des ehemaligen Schiffsausrüsters das „Schiffercafé".

www.maritimesviertel.de

Erster Aufschwung durch den Eiderkanal

Bereits mit der Einweihung des Schleswig-Holsteinischen Kanals 1784, später Eiderkanal genannt, wuchs Holtenaus Bedeutung. Aus jener Zeit erhalten ist das **Kanal-Packhaus**.

Der Sandsteinobelisk zur Eröffnung des Eiderkanals.

Das Holtenauer Kanal-Packhaus.

Dicht nebeneinander – die Hochbrücken von Holtenau.

Der 77 Meter lange Speicher wurde 1783 parallel zum Bau des Eider-Kanals errichtet. Sein Gegenstück erhebt sich in Tönning an der Eidermündung, in Rendsburg steht eine baugleiche, etwas kleinere Variante. Das Holtenauer Packhaus wurde 1982/83 zu Wohnungen mit einem Restaurant im Erdgeschoß umgestaltet. Ehemalige Wohn- und Zollhäuser in der Nachbarschaft erinnern ebenfalls an den alten Kanal.

Vor dem Packhaus steht ein 7,5 m hoher **Sandsteinobelisk** mit Krone, der 1784 anlässlich der Fertigstellung des Eiderkanals aufgestellt wurde. Er trägt die Aufschrift „Patriae et populo 1784" („Für die Heimat und das Volk").

Ein letzter Rest des **Eiderkanals** (zwischen Kanalstraße und Schleuseninsel) fungiert heute als Betriebshafen der Wasser- und Schifffahrtsverwaltung.

Hochbrücken Holtenau

Eine erste Hochbrücke wurde während der ersten Kanalerweiterung zwischen 1907 und 1914 errichtet. Ihr Entwurf stammte wie auch der der Rendsburger Eisenbahnhochbrücke vom Bauingenieur Friedrich Voß. Der Neubau ersetzte eine östlich und damit dichter am Dorf Holtenau liegende Prahmdrehbrücke, eine Art Pontonbrücke. Zu den Olympischen Spielen 1972 entstand als schnelle Verbindung zwischen der Kieler Innenstadt und dem Olympiadorf in Kiel-Schilksee östlich der alten **„Prinz-Heinrich-Brücke"** die neue **„Olympia-Brücke"**. Nach 75 Jahren war auch die Stahl-fachwerk-Konstruktion der alten Brücke reif für den Abriss – erst recht, nachdem 1988 ein Schiff sie gerammt hatte. 1992 begann der Abriss, und 1996 war der 74-Millionen-D-Mark teure Bau der neuen „Prinz-Heinrich-Brücke" fertig. Über jede der 518 Meter langen Brücken führen jetzt jeweils zwei Spuren für den Autoverkehr, die „Olympia-Brücke" führt stadtauswärts. Unmittelbar neben den Hochbrücken ragt wie ein Leuchtturm die 1903 gebaute „Villa Hoheneck" auf dem Nordufer (Gemeinde Altenholz) empor. Sie war Studentenkneipe und lange Jahre Ausflugsrestaurant, dann sollte sie abgerissen werden. Jetzt soll die inzwischen unter Denkmalschutz stehende Villa saniert werden.

Tipp: Von der „Olympia-Brücke" bietet sich ein guter Blick auf die Schleusenanlagen; ein Parkplatz befindet sich an der Südrampe.

Die erste Holtenauer Hochbrücke im Bau.

Kanalfähre

Mit dem Bau der ersten Holtenauer Hochbrücke westlich des damaligen Dorfs wurde
für Fußgänger als Ausgleich eine Personenfähre eingerichtet. Von der Anlegestelle am
Ende der Schleusenstraße, kurz vor den
Schleusenanlagen, pendelt sie zwischen
den Kieler Stadtteilen Wik und Holtenau.
Vor allem während der Sommermonate
nutzen täglich bis zu 4000 Fahrgäste – viele
mit ihren Fahrrädern – die Kanalquerung
mit der „Adler I".

Die Personenfähre ADLER I.

Schleusen Holtenau

Die beiden Schleusen am östlichen Endpunkt des Nord-Ostee-Kanals sind das Ver-
bindungsglied zwischen der Förde mit ihren wechselnden Außenwasserständen
und dem konstanten Wasserstand des Kanals. Die kleinen Schleusen von 1895 be-
sitzen wie die in Brunsbttel zwei Kammern
mit Nutzgrößen von 125 Metern Länge
und 22 Metern Breite (150 mal 25 Meter

Zeitgenössische Darstellung vom Bau der Holtenauer Schleusen.

insgesamt). Die großen Schleusen mit zwei 310 Meter langen und 42 Meter breiten Kammern wurden 1914 in Betrieb genommen. Zugeordnet sind ein Binnenhafen und ein Betriebshafen.

Auch die Holtenauer Schleusen sind wie die in Brunsbüttel in die Jahre gekommen. Geplant ist, zunächst die beiden kleinen Schleusenkammern umfassend zu sanieren, größtenteils sogar neu zu bauen und dann nacheinander die beiden großen zu modernisieren – bei laufendem Betrieb. Erste Vorarbeiten haben bereits begonnen. Anders als in Brunsbüttel wird auf den Neu-

Hochbetrieb in der Schleuse.

bau einer 5. Schleusenkammer verzichtet: Die Schleusungszeiten sind kürzer als an der tideabhängigen Elbe, so dass Schiffe die Schleusen nach durchschnittlich 20 bis 25 Minuten wieder verlassen können. Hinzu kommt in Brunsbüttel außerdem der Verkehr zu den Kanalhäfen der Stadt.

Als Pendant zum Holtenauer Leuchtturm steht an der Südmole der Kanaleinfahrt (gleichzeitig die Nordmole des **Scheerhafens**) ein schlanker Gitterturm von 1895, der bei der Kanalerweiterung 1914 an diesen Standort versetzt wurde.

Tipp: Von der **Aussichtsplattform „Wiker Balkon"** im 2012 eingeweihten Schleusenpark auf der Kanalsüdseite in Kiel-Wik (Uferstraße) lässt sich der Betrieb in den Schleusen beobachten. Dort wurde auch eines der sechs Meter hohen Sandsteinreliefs mit dem kaiserlichen Adler (Gewicht: 25 Tonnen) der alten Levensauer

Der „Kaiseradler" von der Levensauer Hochbrücke.

Hochbrücke wieder aufgestellt. 60 Jahre schmückten die Reliefs die Türme der 1894 gebauten Brücke. 1954 wurden sie zur Verbreiterung der Fahrbahnen abgerissen.

Seemannsheim, Kanalstraße 64
Der originelle Bau mit Bullaugenfenstern entstand als Ersatz für ein Seemannsheim am Wall (Kieler Binnenhafen), eingeweiht wurde er am 13. Juni 1935.
www.dsm-kiel.de

Der Holtenauer Leuchtturm mit der Drei-Kaiser-Gedächtnishalle.

Leuchtturm und Denkmal
An der nördlichen Hafeneinfahrt in einer kleinen Grünanlage (Aushubmaterial des Kanals) entstand 1894/95 ein Leuchtturm, der gleichzeitig als Denkmal dient. Der in historisierenden Formen errichtete, 22 Meter hohe Backsteinturm nimmt in seinem achteckigen Sockel die **Drei-Kaiser-Gedächtnishalle** mit den Reliefs der am Kanalbau beteiligten Kaiser Wilhelm I., Friedrich III. und Wilhelm II. auf. Das bronzene Tympanonrelief zeigt als Allegorie die Vereinigung von Nord- und Ostsee.
Schöner Blick auf Kanal, Schleusen und die Kieler Förde bis zum Leuchtturm Friedrichsort, der Außen- von Innenförde trennt, und bei schönem Wetter bis zum markanten Marineehrenmal von Laboe.

Essen und Trinken
Hotel Waffenschmiede
Friedrich-Voss-Ufer 4,
24159 Kiel
www.hotel-waffenschmiede.de
Direkter Blick auf NOK, Terrassenbetrieb.

Hafenwirtschaft im Kanalpackhaus Holtenau
Kanalstr. 65,
24159 Kiel
www.hafenwirtschaft-kiel.de
Im alten Kanalpackhaus Holtenau, von der Terrasse Blick auf die Einfahrt der Schleusen.

Schiffercafé & Kombüse Kiel Holtenau
Tiessenkai 9 und 10, 24159 Kiel
www.schifferCafe-kiel.de

Direkt am Tiessenkai mit Blick auf die Schleusen, jeden Sonntagnachmittag Tangotanzen.

Luzifer im Fördeblick
Kanalstr. 85,
24159 Holtenau
www.foerdeblick-kiel.de
In der ehemaligen Lotsenwartehalle am Holtenauer Leuchtturm mit Panoramablick auf Kieler Förde und die Einfahrt in den NOK.

KIEL

Landeshauptstadt und „Sailing City"

Zwar heißt der Nord-Ostsee-Kanal im internationalen Sprachgebrauch „Kiel Canal", doch Kiel ist eher „Sailing City" als „Kanal-Stadt". Highlight im Terminkalender der Landeshauptstadt ist die „Kieler Woche": Im Jahr 1882, damals noch im Juli, starteten zum ersten Mal 20 Yachten zu Wettfahrten auf der Kieler Förde. Daraus entwickelte sich eines der größten Segelereignisse der Welt mit rund 4000 Seglern aus 60 Nationen. 3,5 Millionen Besucher strömen jedes Jahr im Juni zu den etwa 2000 Veranstaltungen rund um die Regatten. Immerhin zwei Mal, 1936 und 1972, war Kiel außerdem Austragungsort der Segelwettbewerbe der Olympischen Sommerspiele.

Der Ursprung der Stadt liegt auf einer Halbinsel am Ende der Kieler Förde. Dort gründete der holsteinische Graf Adolf IV. in den 1230er Jahren eine Kaufleutesiedlung; Reste des alten Fördearms sind in der Innenstadt noch im **„Kleinen Kiel"** und im **Bootshafen** zu erkennen. 1242 erhielt Kiel das Stadtrecht, seit dem Spätmittelalter war es Mitglied der Hanse. Zum Schutz für den Handelsplatz „tom Kyle" ließ bereits Stadtgründer Graf Adolf IV. von Schauenburg eine Schutzburg anlegen.

Das Marine-Ehrenmal Laboe mit dem Museums-U-Boot U 995.

reits 200 000 Einwohnern ein, darunter 30 000 Marineangehörige. Der Kieler Matrosenaufstand von November 1918 leitete das Ende des Ersten Weltkrieges ein.

Im Zweiten Weltkrieg wurde Kiel als Marinehafen des Dritten Reiches durch Luftangriffe zu 80 Prozent zerstört oder schwer beschädigt, in der Innenförde lagen bei Kriegsende 240 gesunkene Schiffe.

Heute bestimmen vor allem moderne Neubauten der Nachkriegszeit das Bild der Stadt.

Mittlerweile legen in Kiel jährlich 100 Kreuzfahrtschiffe an. Fährverbindungen bestehen nach Norwegen (Oslo), Schweden (Göteborg) und nach Litauen (Klaipeda).

Eine lange Tradition besitzt die 1665 gegründete Kieler Christian-Albrechts-Universität (27 000 Studierende). Zu den Forschungsschwerpunkten gehören unter anderem die Meereswissenschaften.

Der Stadtteil Kiel-Wik

Geprägt vom Kanal und der Marine

Zwischen Kanal und Kieler Förde im Osten sowie dem Projensdorfer Gehölz im Westen erstreckt sich der Stadtteil Wik (Wik bedeutet Bucht), 1286 zum ersten Mal als Dorf erwähnt, 1893 nach Kiel eingemeindet. Mit der Stationierung zunächst der preußischen und später der deutschen Flotte veränderten sich Kiel und die Wik rasant. Zwischen dem Nord-Ostsee-Kanal im Nor-

Den Aufstieg zur Großstadt verdankt Kiel jedoch der Marine. Nach 1865 wurde Kiel zum preußischen Kriegshafen ausgebaut. Mit der Kaiserlichen Werft und Kaiserlichen Torpedowerkstatt setzte die sprunghafte Entwicklung zur Großstadt mit 1913 beden, dem bis heute bestehenden Flotten-stützpunkt mit dem **Tirpitzhafen** im Osten sowie dem **Flandernbunker** (Hochbunker des Zweiten Weltkriegs) am Anfang der Kiellinie hat eine Reihe Backstein-Gebäude der kaiserlichen Garnison die Weltkriege überstanden. Inzwischen erlebt das Areal rund um den **Anscharpark** einen kreativen Umbruch und wandelt sich außerdem zum neuen Wohnviertel.

Ursprünglich gehörten zum Anschar-Gelän-de rund 20 Gebäude, darunter Kranken-hauspavillons, Verwaltungs- und Wirt-schaftsgebäude, Kesselhaus, Operations- und Badehaus, Tierstall, Kapelle, Gemüse-garten und Großküche.

Die ehemalige Marine-Technikschule in Kiel-Wik.

Der Exerzierplatz und die Kasernenanlage in Kiel-Wik waren 1918 Schauplatz des **Matrosenaufstandes**.

Die Stadt Kiel hat eine **Kulturmeile** entwi-ckelt, die zu 27 Sehenswürdigkeiten auf beiden Seiten des Kanals führt. Der Verein „Maritimes Viertel – Kultur am Kanal" hat sich zum Ziel gesetzt, das Erbe der beiden Stadtviertel Wik und Holtenau zu bewah-ren und touristisch zu entwickeln. Denn selbst für Kieler ist das verwunschene Vier-tel der alten Garnison immer noch ein Ge-heimtipp. Beheimatet ist der Verein in der ehemaligen **Technischen Marineschule** (Arkona-Straße 1).

Westlich der Holtenauer Hochbrücken er-streckt sich am Kanal der Kieler **Nordha-fen**. Wurden hier bis vor ein paar Jahren noch Lokomotiven (Voith Turbo Lokomotiv-technik) gebaut, ist der Standort eine halbe Meile vor den Holtenauer Schleusen heute eher bekannt für die Konstruktion moder-ner Yachten. Die 1965 in Laboe gegründete Werft Knierim liefert individuell gebaute Boote für Regatta- wie für Fahrtensegler.

www.maritimesviertel.de
www.knieriem-yachtbau

▶ **Sehenswert**

Als Marine-Garnison-Kirche wurde von 1905 bis 1907 die **Petruskirche** errichtet. Sie gilt als eine der größten und bedeu-tendsten Jugendstil-Kirchen in Deutsch-land.

Ganz im Jugendstil – die Petrus-Kirche.

Das zwischen 1903 und 1907 errichtete **Atelierhaus** in Haus 8 im Anscharpark war 2011 das erste Gebäude des ehemaligen Marine- und Garnisonslazaretts in der Wik, das renoviert und in neuer Funktion wiedereröffnet wurde. Es umfasst unter anderem professionell ausgestattete Produktionsräume für Künstler und Künstlerinnen; es gibt 14 Ateliers und Studios unterschiedlicher Größe. Über die Vergabe der Ateliers entscheidet eine Fachjury.
www.atelierhaus-im-anscharpark.de

Die Museen
Kanaltechnik und Motoren
In der ehemaligen Technischen Marineschule ist jetzt auch die **Schleusenausstellung** des Wasser- und Schifffahrtsamtes Holtenau untergebracht. Sie präsentiert Kanaltechnik und Wissenswertes zur Kanalgeschichte. Geöffnet nur sonnabends nachmittags; jeden dritten Sonnabend werden Führungen angeboten.
24106 Kiel, Arkonastraße 1
www.maritimesviertel.de

Zwei Industriegebäude des ehemaligen Kieler Gaswerks beherbergen das **Maschinenmuseum Kiel-Wik**. Schließlich war der Wirtschaftsraum Kiel nicht nur ein bedeutender Werft-, sondern auch Maschinenbaustandort. Vom uralten Ottomotor, der zischenden Dampfmaschine bis zum U-Boot-Dieselmotor haben die Initiatoren des Museums Beispiele für mehr als ein Jahrhundert Maschinenbaugeschichte zusammengetragen; betrieben wird es von einer Stiftung.
24106 Kiel Am Kiel-Kanal 44
www.maschinenmuseum-kiel-wik.de

 ## Entdecken und Erleben

Seit 2011 findet regelmäßig im Herbst zwischen Tiessenkai in Holtenau und kaiserlicher Garnison in der Wik das Kulturmeilenfest fest.
www.maritimesviertel.de

Essen und Trinken
„Kleine Kanalperle"
Bistro neben den Holtenauer
Hochbrücken (Südseite)
Uferstraße 62, 24106 Kiel

●●● Abstecher

Vom Kanal in die Kieler Innenstadt

Die **Nikolaikirche** am Alten Markt ist das älteste erhaltene Gebäude der Stadt. 1242 wurde mit dem gotischen Hallenbau begonnen. Den Zweiten Weltkrieg überstand der Backsteinbau schwer beschädigt. Der Wiederaufbau erfolgte zum Teil in modernen Formen. Die Kunstschätze, darunter der Flügelaltar von 1460, waren vor den Bombenangriffen geborgen worden. Vor dem Westportal steht der „Geistkämpfer", eine 1928 geschaffene Bronzeskulptur des expressionistischen Bildhauers Ernst Barlach.

Von der später zum Schloss umgewandelten mittelalterlichen Festungsanlage der Schauenburger Grafen ist heute nur noch der sogenannte **Rantzaubau** übrig, ursprünglich der Westflügel der barocken Schlosserweiterung von 1697. Zeitweilig war das Schloss Residenz der Herzöge von Holstein-Gottorf. Dort wurde auch der spätere russische Zar Peter III. (1728–1762) geboren.

Vom Turm (106 Meter) des zwischen 1907 und 1911 erbauten **Rathauses** haben Besucher einen weiten Blick über die Stadt, eine Panoramaplattform befindet sich in 67 Meter Höhe. Die Jugendstil-Gebäude des Rathauses und des benachbarten Theaters (Baujahr 1902) gehören zu den wenigen Gebäuden der Altstadt und der ehemaligen Vorstadt, die den Zweiten Weltkrieg überstanden haben oder, wie das

Das Kieler Landeshaus, Sitz des schleswig-holsteinischen Parlaments.

Blick auf die Kieler Howaldtswerke im Jahr 1890.

Theater, in den alten Formen wiederaufge-
baut wurden.
www.kiel-sailing-city.de

 Entdecken und Erleben

Rund 3,5 Kilometer lang ist Kiels Flaniermeile am Wasser, vom Ostseekai bis zum
Marinestützpunkt in der Wik. Die „Kiellinie" führt dabei unter anderem vorbei
am Landeshaus, 1888 für die Kaiserliche
Marine gebaut und seit 1950 Sitz des
schleswig-holsteinischen Landtags. Sie
wird gesäumt vom Institut für Weltwirt-
schaft, von Bootshäusern, Ruder- und Se-
gelclubs, darunter dem 1887 als „Mari-
ne-Regatta-Verein" gegründeten späteren

„Kaiserlichen Yachtclub", der heute als
„Kieler Yachtclub" rund 1 400 Mitglieder
zählt. An der Kiellinie liegen auch der alte
Olympiahafen von 1936 sowie das historische Seebad Düsternbrook und das Düsternbrooker Gehölz, einer der beliebtesten
Erholungsorte in Kiel. Auf der anderen Seite der Förde ragen weitere Kieler Wahrzeichen in den Himmel: die riesigen Werft-
kräne von HDW, heute Teil von Thyssen-
Krupp Marine Systems. Mit dem Ausbau
der Werftindustrie am Kieler Ostufer
wuchsen auch die Stadtteile dahinter wie
zum Beispiel Gaarden.

Tipp: Von der **Kieler Bahnhofsbrücke** aus
über die Schwentine-Mündung am Ostufer
oder Friedrichsort am Westufer bis zum

Marine-Ehrenmal Laboe lässt sich die Förde auch vom Wasser aus entdecken – ÖPNV in Kiel heißt auch Personennahverkehr mit dem **Fördeschiff**. Fahrpläne unter www.kiel.de

Museen am Meer
Unter der Überschrift „Museen am Meer" präsentiert sich eine Reihe Kieler Museen gemeinsam – Kunst und Kultur, Wissenschaft und Forschung, geprägt von der Nähe zum Wasser und der Kieler Universität.
www.museen-am-meer

Die ehemalige Fischhalle dient heute als Schifffahrtsmuseum.

Kieler Schifffahrtsmuseum
Die 1909/10 von Stadtbaurat G. Pauly errichtete Fischhalle nahm ursprünglich zwei acht Meter lange Fischbecken auf. Der aufwendig gestaltete Backsteinbau am Fördeufer mit reichen Sandsteinportalen mit Köpfen von Meereswesen sowie einer Petrusstatue (Patron der Fischer) beherbergt Ausstellungen zu Schifffahrt, Schiffbau und Marinegeschichte. Die Vorbauten an den Traufseiten waren ehemals Verkaufsplätze für Räucherfisch.

Zu den Exponaten gehören ein Modell des „Brandtauchers", des ersten, 1850 in Kiel gebauten U-Boots, nautische Instrumente, Galionsfiguren, Seestücke, das Kaiserpanorama (mit Fotos von der Kanaleröffnung) und das Wrack eines Klein-U-Bootes („Seehund").
Wall 65, 24103 Kiel,
www.kiel-museum.de

Drei Museumsschiffe an der Schiffbrücke:
Der Dampf-Tonnenleger **„Bussard"** von 1905 ist eines der letzten seegehenden, kohlebefeuerten Dampfschiffe Deutschlands. Der Seenotrettungskreuzer **„Hindenburg"** (Baujahr 1944) wurde nach 36 Dienstjahren im Hafen von List/ Sylt 1980 an das Kieler Schifffahrtsmuseum abgegeben. Das 1941 gebaute Feuerlöschboot **„Kiel"** war bis 1986 im Dienst.

Stadtmuseum Warleberger Hof
Im einzigen erhaltenen Adelshof der Stadt aus dem frühen 17. Jahrhundert befindet sich heute das Stadtmuseum. Gezeigt werden historische Stadtansichten und Ausstellungsstücke zur Geschichte Kiels als Hafenstadt und Reichskriegshafen.
Dänische Straße 19, 24103 Kiel
www.kiel-museum.de

Zwei der Kieler Museumsschiffe - der Tonnenleger BUSSARD (1905, links) und der Seenotrettungskreuzer HINDENBURG (1944, rechts).

Kunsthalle Kiel

Das über der Förde liegende Gebäude von 1907–1909 besitzt eine bedeutende Sammlung zur schleswig-holsteinischen Kunst des 17. bis 21. Jahrhunderts.
Düsternbrooker Weg 1, 24105 Kiel
www.kunsthalle-kiel.de

Antikensammlung

Die 1843 gegründete Antikensammlung im Gebäude der Kieler Kunsthalle ist die einzige Sammlung in Schleswig-Holstein, die Werke der antiken Kulturen des Mittelmeerraumes sammelt und präsentiert. Zu den Highlights gehören griechische Vasen des 6. bis 4. Jahrhunderts v. Chr.
Düsternbrooker Weg 1, 24105 Kiel
www.antikensammlung-kiel.de

Aquarium „Geomar"

Das Aquarium am „Geomar"/Helmholtz-Zentrum für Ozeanforschung Kiel zeigt heimische und exotische Meeresbewohner in einer naturgetreuen Umgebung. Als Besonderheit zeigt das Aquarium einen Heringsschwarm, und in Außenbecken lebt ganzjährig eine Gruppe von Seehunden.
Düsternbrooker Weg 20, 24105 Kiel
www.aquarium-kiel.de

Zoologisches Museum

Das alte Universitätsgebäude, 1876–84 im Schlossgarten errichtet, beherbergt heute die artenreichste Walausstellung Deutschlands mit 13 spektakulären Skeletten von Walen aus Schleswig-Holstein. Die neue Dauerausstellung „Ozean der Zukunft" präsentiert aktuelle Erkenntnisse der Meeresforschung zu Fischerei, Meeresspiegelanstieg, Ozeanversauerung und Ozeanzirkulation.
Hegewischstraße 3, 24105 Kiel
www.zoologisches-museum-kiel.de

Medizin- und Pharmaziehistorische Sammlung

Die Sammlung der Universität gibt Einblicke in die Pharmaziegeschichte und medizinische Behandlungsmethoden der letzten Jahrhunderte. Detailreich die Material- und Giftkammer der St. Jakobi Apotheke aus Lübeck.
Brunswiker Straße 2, 24105 Kiel
www.med-hist.uni-kiel.de

Computer im Museum

Im Computermuseum der Fachhochschule Kiel in Neumühlen-Dietrichsdorf auf dem Ostufer erleben Besucher die Anfänge der digitalen Entwicklung. Zu den Highlights gehören ein Rechner aus dem Jahr 1958 sowie ein 1,6 Tonnen schwerer Computer.
Eichenbergskamp 8, 24149 Kiel
www.fh-kiel.de

Essen & Trinken

Kieler Yacht Club
Kiellinie 70, 24105 Kiel
www.atlantic-hotels.de
Restaurant im traditionsreichen Kieler Yacht Club.

Schöne Aussichten
Düsternbrooker Weg 16, 24105 Kiel
www.schoene-aussichten-kiel.de
Café, Restaurant mit Terrasse und „schönen Aussichten" an der Förde im Haus des ersten Kieler Ruderclubs von 1862.

Seebar im Seebad Düsternbrook
Kiellinie 130, 24106 Kiel
www.seebad-duesternbrook.com
Essen und Trinken auf der Förde: Seit mehr als zehn Jahren ist das historische Seebad auf Pfählen jetzt vor allem „Seebar". Aber man kann auch immer noch schwimmen gehen.

Der alte Mann
Wall 65, 24103 Kiel
www.deraltemann-kiel.de
Einen Blick auf die Innenförde, Museumsschiffe und die Werft verspricht das Café „Alter Mann" im Schifffahrtsmuseum.

Schlusssteinlegung durch Kaiser Wilhelm II. in Holtenau am 21. Juni 1895.

PLÄNE, (FAST) NICHTS ALS PLÄNE ...

Um 1550	König Christian III. von Dänemark plant einen Durchstich zwischen Ribe und Kolding.
10. August 1571	Adolf I. von Schleswig-Holstein-Gottorf tritt an Kaiser Maximilian II. als seinen Lehnsherrn für Holstein mit dem Plan heran, einen Kanal von Kiel an die Eider zu führen und ihn von da an mit dem Lauf des Flusses bis in die Nordsee bei Tönning zu führen. Er nimmt damit den Eider-Kanal voraus. Die Idee versandet in Wien.
1628–1630	Albrecht von Wallenstein, *General der ganzen kaiserlichen Schiffsarmada zu Meer wie auch des baltischen und ozeanischen Meeres General*, plant eine Kriegsflotte gegen Dänemark und Schweden, gibt dafür die Planung eines Kanaldurchstichs durch Holstein in Auftrag. Nach seiner Ermordung wird das Vorhaben nicht weiter verfolgt.
Vor 1650	Ein Nachfolger Adolfs, Friedrich III., plant einen Kanal, um die Güter des Ostens, von Russland bis Persien, durch das Land nach Westeuropa zu befördern. Die im Zweiten Weltkrieg vernichteten *Persianischen Häuser* vor der Nikolaikirche in Kiel legten Zeugnis von diesem Ehrgeiz ab.
Vor 1650	König Christian IV. plant einen Durchstich von Apenrade nach Ballum nördlich von Tondern. Insbesondere soll nach einer Intensivierung des Handels mit dem fernen Osten den Ostasienfahrern der gefährliche Weg um Skagen erspart bleiben.
Vor 1658	Oliver Cromwell, Britischer Lordprotektor, plant einen Kanal, der von Wismar über den Schweriner See und die Elde auf die Elbe treffen soll. Sein Tod verhindert die Weiterverfolgung.
1713	Als während des Großen Nordischen Krieges Gottorf um russische Unterstützung bat, bot man Zar Peter dem Großen einen Kanalbau von der Ost- zur Nordsee an, damit auch russische Handelsschiffe nicht mehr den dänischen Sundzoll entrichten und um das gefährliche Kap Skagen zu fahren brauchten. Der Zar traute dem Gottorfer Angebot jedoch nicht und verzichtete.
1761	Johann Heinrich Gottlieb Justi schlägt in seiner Denkschrift Über den großen Nutzen eines Canals durch das *Herzogthum Schleswig, um die Nord- mit der Ostsee zu vereinigen* einen Verlauf von Hoyer über Tondern nach der Flensburger Förde oder von Husum über Schleswig nach Eckernförde vor.
1811–1813	Während Lübecks Zugehörigkeit zum Französischen Kaiserreich plant Napoleon zwei Großprojekte: Einen Kanal von Paris nach der Ostsee unter Nutzung der Trasse des mittelalterlichen Stecknitz-Kanals sowie einen von der Nordsee in die Lübecker Bucht, in Teilen dem Alster-Beste-Kanal folgend.

Ribe
1559
Hadersleben

17. Jh.

Apenrade
1868
Tondern

17. Jh.
Flensburg

Schleswig
1865
1848
Husum
1848
Eckernförde
1859
1864
1865 1761
Friedrichstadt
1860
1571
Kiel
1784
1804
1849
Rendsburg
17. Jh.
1866
1804
1804
1863
Heide
Büsum
1804
1804
Neumünster
Meldorf
1849
1804
1861
1804
1863
1864
1804
Lübeck
Brunsbüttel
1863
St. Margarethen 1863
1865
Oldesloe
1865
1797
1865
Glückstadt
1529
1797

1398

Hamburg

Lauenburg

14. Juni 1848	Beschluss der Frankfurter Nationalversammlung zur Gründung einer Deutschen Marine.
1848/49	Der *Kieler Ausschuß* für die deutsche Flotte erstellt die *Denkschrift über die Canalverbindung zwischen Ost- und Westsee* für die deutsche Handels- und Kriegsflotte. Schleswiger Wirtschaftskreise entwickeln den Plan *Der Norddeutsche Kanal zur Verbindung der Nord- und Ostsee zwischen Eckernförde und Husum*. Rendsburger Bürger schlagen einen Kanal mit dem Zentrum eines Hauptkriegshafens in Rendsburg vor. Lorenz Stein vom *Kieler Ausschuß* schlägt einen Kanal vom Brunsbütteler Koog nach Kiel vor.
1860–1867	„C. Hansen aus New-York" schlägt eine Linie von Brunsbüttel nach der Neustädter Bucht vor.

Hier endet die Liste der wichtigsten nicht realisierten Planungen. Es folgen die für den heutigen Nord-Ostsee-Kanal, dessen Vorgänger der 1784 als einziges von vielen Vorhaben realisierte *Schleswig-Holsteinische*- oder *Eider-Kanal* ist.

1864/66	Der dänische Gesamtstaat bricht zusammen. Schleswig-Holstein wird 1867 preußische Provinz. Otto von Bismarck erteilt Anweisung zur Planung eines Nord-Ostsee-Kanals. Der erste Entwurf liegt bereits 1865 vor für den Verlauf von *„Eckern-Föhrde nach der Elbe bei St. Margarethen"*. Auf Intervention des Kriegs- und Marineministers erfolgt eine Alternativplanung mit dem Zielpunkt Kiel an der Ostsee.
März 1865	Die preußische Marine-Station der Ostsee wird von Danzig nach Kiel verlegt.
1868	Generalstabschef von Moltke bevorzugt einen Kanal von Flensburg-Hafen nach der „Lyster-Tiefe" (Lister Tief) vor Sylt.
Bis 1884	Der Streit über den Kanalverlauf wogt in Parlament, Regierung und Militär. Der Gedanke an einen Handelskanal spielt kaum eine Rolle. Gesichtspunkte der Notwendigkeit des Kanals als Instrument zur Zusammenführung der Flotten in Nord- oder Ostsee sind entscheidend.
31. März 1884	Bismarck legt den Gesetzesentwurf *„betreffend die Herstellung des Nord-Ostsee-Kanals"* vor. Er wird in Reichstag und Bundesrat kontrovers diskutiert.
16. März 1885	Bismarck setzt sich durch. Das *„Gesetz betreffend die Herstellung des Nord-Ostsee-Kanals"* wird im Reichsgesetzblatt verkündet.
3. Juni 1887	Grundsteinlegung in Holtenau (Kiel).
19.–21. Juni 1895	Eröffnung des *Kaiser-Wilhelm-Kanals*, wie Wilhelm II. das Bauwerk spontan zur Erinnerung an seinen Großvater tauft.

DR. KLAUS ALBERTS
Der Autor ist Jurist und Historiker
sowie Autor zahlreicher Bücher.

Le Petit Journal

SUPPLÉMENT ILLUSTRÉ

Le Petit Journal
CHAQUE JOUR 5 CENTIMES
Le Supplément illustré
CHAQUE SEMAINE 5 CENTIMES

Huit pages : CINQ centimes

ABONNEMENTS

	TROIS MOIS	SIX MOIS	UN AN
SEINE ET SEINE-ET-OISE	1 fr.	2 fr.	3 fr. 50
DÉPARTEMENTS	1 fr.	2 fr.	4 fr.
ÉTRANGER	1 50	2 50	5 fr.

Sixième année

DIMANCHE 16 JUIN 1895

Numéro 239

Kiel !!!

Die ausländische Presse beobachtete den Flottenaufmarsch zur Kanaleröffnung sehr aufmerksam.

Ein technisches Meisterwerk seiner Zeit – der 1794 fertiggestellte Schleswig-Holstein- oder Eider-Kanal.

Das Gemälde zeigt die Kanalschleuse bei Knoop.

DER EIDERKANAL – EIN TECHNISCHES DENKMAL VON WELTRANG

Der zwischen 1777 und 1784 erbaute Schleswig-Holsteinische Kanal oder Eiderkanal ist eines der bedeutendsten historischen Technikbauwerke Schleswig-Holsteins. Er verband die Kieler Förde mit der unteren Eider bei Rendsburg und galt bis zur Fertigstellung des Nord-Ostsee-Kanals 1895 als die leistungsfähigste künstliche Wasserstraße Europas. Er war der erste Kanal der Welt, den auch seegehende Schiffe befahren konnten.

Drei verträumte, alte Schleusen, ein paar Kilometer Wasserlauf in idyllischer Landschaft an der Ostküste Schleswig-Holsteins – das sind die Reste des Eiderkanals oder, wie er ursprünglich hieß: „Schleswig-Holsteinischer Kanal" – die heute noch zu sehen sind, weitgehend restauriert auf Initiative des Canal-Vereins. Und doch sind diese Fragmente die Überbleibsel eines technischen Meisterwerks in seiner Zeit – und Vorläufer des Nord-Ostsee-Kanals, der heute zwischen Kiel und Rendsburg in weiten Teilen in der alten Trasse seines Vorgängers verläuft.

Der „Alte Eiderkanal", wie er heute gern, aber falsch genannt wird, wurde zwischen 1777 und 1784 erbaut. Er verband über 43 Kilometer, davon 34 Kilometer als gegrabener Kanal, die Kieler Förde mit der unteren Eider bei Rendsburg und führte über die Eider weiter bis Tönning in die Nordsee.

In der zweiten Hälfte des 18. Jahrhunderts konnte der bedeutendste dänische Staatsmann seiner Zeit, Andreas Peter Graf Bernstorff, den dänisch-deutschen Gesamtstaat aus allen europäischen Zwistigkeiten heraushalten und eine wirtschaftliche Blütezeit einläuten. Von 1773 bis 1780 und von 1784 bis zu seinem Tode 1797 leitete er die Deutsche Kanzlei in Kopenhagen – die maßgebliche Behörde für die Herzogtümer Schleswig und Holstein und zugleich die dänische Außenpolitik. Das war eine wichtige Voraussetzung für das Gelingen von Reformen und Förderprogrammen im Inneren. Dazu gehörte auch, die Herzogtümer durch Infrastrukturmaßnahmen wirtschaftlich zu entwickeln, und diesem Ziel sollte auch ein Kanal dienen, der Nord- und Ostsee verband: Der „Schleswig-Holsteinische Kanal" oder 1852 nach der schleswig-holsteinischen Erhebung und dem Sieg Dänemarks, aus politischen Gründen der „Eiderkanal" genannt.

Planung und Bau des Schleswig-Holsteinischen Kanals

Tatsächlich war der Gedanke an einen Kanal zwischen Nord- und Ostsee schon vor dem Amtsantritt Bernstorffs wieder aufgelebt. Zu den Vätern zählen der Architekt Ernst Georg Sonnin (u.a. Erbauer der Altonaer Michaeliskirche), der königliche Statthalter der Herzogtümer, Landgraf Carl von Hessen, und der Ingenieuroffizier Wilhelm Theodor Wegener, der 1773 zum Generalmajor und Generaldirektor über das Vermessungswesen ernannt wurde. Damit hatte er die besten Voraussetzungen und Möglichkeiten, Kanalprojekte zu planen, und er machte dazu erste Vorschläge.

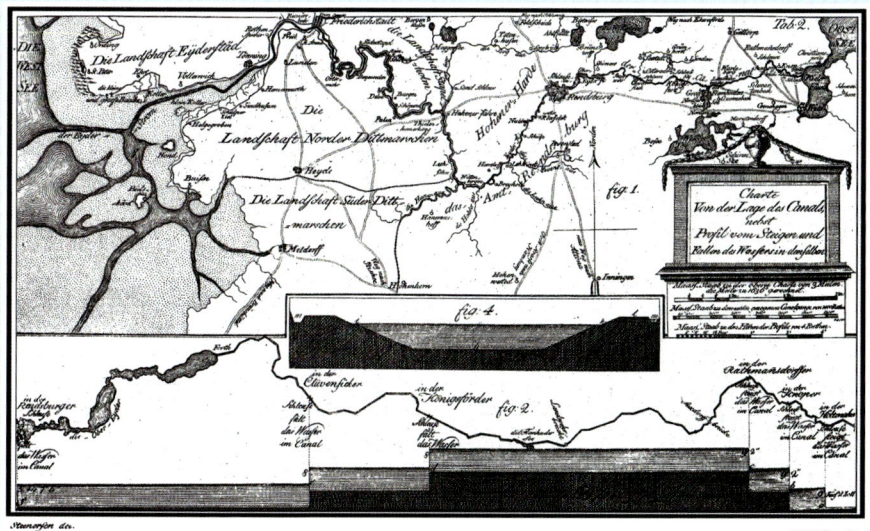

Kurvenreich – eine historische Karte zeigt den Kanal-Verlauf.

Sie wurden zwar von den Kopenhagener Beamten als zu teuer abgelehnt, aber eine königliche Kabinettsorder setzte 1774 eine hochrangig Kanalkommission ein, der unter anderem Andreas Peter Bernstorff und auch der dänische Schatzmeister Heinrich Carl Graf Schimmelmann angehörten. Für den Bau des Kanals wurde im gleichen Jahr eine weitere Kommission eingesetzt: Die Kanal-Ausführungskommission unter der Leitung des Statthalters Landgraf Carl von Hessen. Herausragende Mitglieder der Kommission und die eigentlichen Ingenieure waren die Ingenieurkapitäne August Hinrich Dettmers und Friedrich Hermann Peymann.

Nach gründlicher Prüfung diverser Alternativen fiel letztlich die Entscheidung für eine Trasse zwischen Kiel und Rendsburg mit Weiterführung über die Untereider nach Tönning. Veranschlagte Kosten: 620 000 Reichsbanktaler – knapp zehn Prozent des Jahresetats Dänemarks.

Dabei blieb es allerdings nicht: Tatsächlich hat der Kanalbau nach Schätzungen von Wirtschaftshistorikern etwa das Vierfache der veranschlagten Summe gekostet. Allein die ursprünglich jeweils mit 30.000 Reichsbanktalern kalkulierten sechs Schleusen kosteten jede etwa 120 000 Reichsbanktaler – insgesamt 660 000 Reichsbanktaler. Auch die Gutsbesitzer ließen sich das Land, das sie für den Kanal hergeben mussten, teuer bezahlen. Das kostete noch einmal 170 000 Reichsbanktaler. Den Löwenanteil machten jedoch die Lohnkosten aus: 1,4 Millionen Reichsbanktaler. Letztlich kostete der Kanal rund 2,3 Millionen Reichsbanktaler. Wie sich die Bilder gleichen: Schon damals wurden öffentliche Bauten viel teurer als geplant.

Dabei wurde das Bett der Levensau, des alten Grenzbaches zwischen Schleswig und Holstein, vollständig genutzt. Ab Rathmannsdorf begann die Scheitelstrecke des Kanals, die man den Flem-

143

huder See anschneiden ließ, so dass der Kanal immer genug Wasser führen konnte. Weiter in westlicher Richtung folgte man, wo immer möglich, dem Lauf der Obereider bis zum Schirnauer See. Die Grabungsstrecke betrug 34 Kilometer. Die Strecke durch die Obereiderseen bis Rendsburg, die teilweise vertieft werden musste, maß 9 Kilometer. Der fertige Kanal hatte beachtliche Ausmaße: Er war an der Oberfläche 28,7 Meter breit, an der Sohle 18 Meter breit und besaß eine Tiefe von 3,45 Metern.

Die Arbeiter stammten überwiegend aus der Kremper- und Wilstermarsch, aus Lübeck und dem Kurfürstentum Hannover. Zunächst waren 1000 eingestellt worden, aber aufgrund der langsamen Baufortschritte wurden immer weitere angeworben, bis im Jahr 1784 über 2600 „Pottarbeiter" am Kanalbau beschäftigt waren. Sie hausten in Baracken, in Zelten oder bei Einheimischen in Notquartieren, wo sich bis zu 60 Mann einen Raum teilten. Es ist

kaum verwunderlich, dass sich daraus unhaltbare hygienische Zustände entwickelten. Die Folgen: 1783 brach eine Epidemie aus, die als „Faulfieber" beschrieben wurde, und zwang gut 1400 von 2600 Arbeitern auf das Krankenlager.

Die Schleusen – technische Meisterwerke

Zwischen der Kieler Förde und der Untereider hatte der Kanal einen Höhenunterschied von etwa 10 Metern zu überwinden. Dies geschah mit Hilfe von sechs Schleusen: Holtenau, Knoop und Rathmannsdorf hoben in kurzem Abstand entsprechend dem geologischen Profil den Wasserlauf; Königsförde, Kluvensiek und Rendsburg senkten ihn auf das Niveau der Untereider. In jeder Schleuse wurden die Schiffe um etwa 2,5 Meter gehoben oder abgesenkt.

Die Schleusen galten als die besten und leistungsfähigsten ihrer Zeit und sind die bedeutendste In-

Reger Schiffsverkehr auf dem Kanal bei Holtenau.

genieursleistung des Kanals. Sie wurden von den technisch gebildeten Zeitgenossen bewundert, die in Scharen an den Eiderkanal pilgerten, um sie zu bestaunen. Vor allem die Schnelligkeit und Leichtigkeit, mit der die Schiffe die Schleusen durchfahren konnten, waren so einmalig – ein Schiff konnte in nur zehn Minuten durchgeschleust werden – dass die Bewunderung der Zeitgenossen für diese technische Leistung sich durch die gesamte Literatur zieht.

Jede Schleusenanlage bestand nicht, wie üblich, aus einer, sondern aus zwei Kammern: der Schiffschleuse mit einer Innenabmessung von 35,0 x 7,8 Metern und 3,5 Metern Tiefe, die Schiffe bis zu 160 Tonnen Ladegewicht aufnehmen konnte, und der Freischleuse zur Regulierung des Wasserstands im Kanal mit einer Breite von 5 Metern. Die Schleusen waren von den Gebrüdern Holler aus Wilster nach holländischem Vorbild konzipiert, aber mit etlichen technischen Neuerungen ausgestattet. Damit entsprachen sie nicht nur dem damaligen Stand der Technik, sondern gingen darüber hinaus.

Mit Ausnahme der Rathmannsdorfer Schleuse führten über alle Schleusen Wege mit Klappbrücken nach holländischem Vorbild. Deren Portale, die die Waagebalken der Klappbrücke trugen, wurden zunächst aus Holz gebaut und später durch gusseiserne aus der Carlshütte in Büdelsdorf ersetzt.

Neben dem Kanal entstanden zahlreiche Gebäude, die dem Betrieb des Kanals dienten. An jeder Schleuse gab es Wohnhäuser für die Schleusenwärter, in Kluvensiek auch eine Gaststätte und eine Pferdestation. In Kiel, Rendsburg und Tönning wurden Packhäuser errichtet, besonders große an den Endpunkten des Kanals in Kiel und Tönning, weil die Planer einen erheblichen Aufschwung des Binnen- und Außenhandels durch den Kanalbetrieb erwarteten.

Beide Ufer des Kanals wurden mit fünf Meter breiten, teils gepflasterten Treidelwegen gesäumt, da die Schiffe, wenn kein achterlicher Wind wehte, von Menschen oder Pferden getreidelt werden mussten. Pferdestationen gab es in Holtenau, Landwehr, Kluvensiek und Büdelsdorf. Den Betrieb der Pferdestationen hatte die Kanalverwaltung Subunternehmern übertragen, die zu jeder Zeit eine ausreichende Anzahl an Pferden bereithalten mussten. Da der Bedarf an Pferden naturgemäß schwankend und unkalkulierbar ist, bedienten sich die Subunternehmer bei den Bauern, die hier gern ein gutes Zubrot verdienten.

Der Betrieb des Eiderkanals

Nach sieben Jahren Bauzeit wurde der Kanal mit einer Probefahrt am 18. Oktober 1784 in Dienst gestellt. Das Kanalschiff „Rendsburg" und eines der Paketboote, die sonst zwischen Kiel und Kopenhagen verkehrten, legten in Kiel mit der Kanal-Ausführungskommission an Bord ab, um Kanal und Schleusen zu testen.

Einmal abgesehen davon, dass die Crew der „Rendsburg" wohl noch ein bisschen das Treideln üben musste, um durch den Kanal zu kommen, hatte sich gezeigt, dass Kanal und Schleusen alle Erwartungen an einen reibungslosen Verkehr erfüllen konnten. Von Kiel bis Rendsburg konnten nun Schiffe mit einem Tiefgang von bis zu 9 Fuß (2,7m) und von Rendsburg bis Tönning mit einem etwas geringeren Tiefgang von bis zu 7 Fuß (2,1m) auf dem Kanal verkehren.

Tatsächlich brachte der Kanal gegenüber der Passage rund um Skagen nun eine durchschnittliche Streckenersparnis von 160 bis 180 Seemeilen (1 sm = 0,1852 km), Zeitersparnis allerdings praktisch keine – wegen der vielen Windungen des Kanals, ungünstiger Windrichtungen oder des Treidelns. Günstigstenfalls dauerte die Fahrt von Holtenau bis Rendsburg etwa 10 bis 12 Stunden und von Holtenau bis Tönning je nach Windverhältnissen drei bis

So sieht die Kanalschleuse bei Kluvensiek heute aus.

vier Tage, weil auf der Untereider nicht getreidelt werden konnte. Das entspricht einer Durchschnittsgeschwindigkeit von nur 1 bis 1,5 Knoten. Der wahre Wert des Kanals für Reeder und Schifffahrt lag in der geschützten und damit sicheren Passage. Denn er verringerte das Risiko gegenüber der Reise rund um Skagen für die Segelschiffe beträchtlich. So schätzte etwa 1859 ein Zeitgenosse den jährlichen Schaden durch Schiffsverluste vor der jütischen Westküste, dem Skagerrak und dem Kattegat auf rund eine Million Reichsbanktaler – fast die Hälfte der Baukosten des Kanals.

Wirtschaftlich war der Kanal zunächst ein Misserfolg. Denn er stand nur Schiffen aus dem dänischen Gesamtstaat offen. Christian VII. betrachtete ihn als Geschenk an seine Landeskinder. Nur sie sollten den Nutzen davon haben, nicht aber Ausländer. Damit aber blieb die Zahl der Passagen enttäu-

schend niedrig, die Einnahmen waren gering und der Kanalbetrieb völlig unrentabel. Erst als der Kanal im Mai 1785 für alle Nationen geöffnet wurde, stieg die Zahl der Schiffe, und er begann, sich zu rentieren.

Nach der Freigabe für Schiffe aller Länder nahmen die Passagen stetig zu. In Kriegszeiten, die dem Handel immer abträglich sind, gingen sie jeweils zurück. 1872 waren es 5.222, die höchste Zahl der jährlichen Passagen. Noch 1883 passierten den nahezu hundertjährigen Kanal 4.510 Schiffe. Rechnet man eine etwa dreimonatige Winterpause mit ein, so waren es im Durchschnitt 16 Schiffe täglich. Eine solche Frequenz war dem Kanal während der ersten achtzig Jahre seines Bestehens nie beschieden gewesen.

So entwickelte sich der Kanal zu einer Drehscheibe zwischen West und Ost. Aus dem Westen transportierten die Schiffe Luxuswaren aus Übersee wie Zucker, Rum, Branntwein, Kaffee, Tabak, Reis, Rosinen, Tee und Essig. Oder Salpeter, Zink, Hanf und Pech. Der Ostseeraum lieferte dagegen landwirtschaftliche Produkte wie Getreide, Saaten, Rübenöl, Kartoffeln. Baustoffe wie Holz, Dach- und Ziegelsteine. Aus Russland kamen Leinen, Holz, Flachs, aus Schweden Eisen, Stahl, Teer und getrocknete Fische. Die gängigsten Schiffstypen in der Kanalfahrt kamen aus den Niederlanden, da die Niederländer das Gros der Nutzer stellten. Schleswig-Holsteinische Werften modifizierten deren Schiffstypen zu Spezialschiffen für den Kanal wie etwa die Eiderschnigge, die Eidergalioth oder die Pfahlkuff. Die Dampfschifffahrt ab 1872 erlangte nur geringe Bedeutung. Ab 1885 verkehrte ein maßgeschneiderter Dampfer „Kanal" im Stückgutverkehr zwischen Sonderburg, Flensburg und Hamburg.

Neben vielen namenlosen Seeleuten verzeichnete der Kanal auch illustre Gäste: Jules Verne durchquerte im Juni 1881 auf der Reise von Rotterdam nach Kopenhagen mit seiner 35 Meter langen Dampfyacht »Saint Michel III« den Eiderkanal. Dies klappte allerdings erst, nachdem das zu lange Bugspriet abgebaut wurde, damit das Schiff in die Schleusen passte.

Bis 1830 liefen über 94.000 Schiffe durch den Kanal. Von 1820 bis 1840 über 2600 pro Jahr und 1872 sogar über 5000. Insgesamt haben in 111 Jahren fast 300.000 Schiffe den Kanal genutzt. Für große, moderne Dampf- und Segelschiffe war er je doch zu klein.

Die mit seiner ursprünglichen Planung verbundenen hochgesteckten Ziele hat der Eiderkanal sicher nicht erfüllt. Er sollte – mit modernen Begriffen zu sprechen – die regionale Wirtschaftsstruktur verbessern und den Herzogtümern den wirtschaftlichen Aufschwung bringen. Das konnte nicht im geplanten Umfang gelingen, weil er aus Geldmangel

in erster Linie zum Transitkanal wurde. Nur etwa ein Viertel der Schiffsbewegungen auf dem Kanal waren Ziel- und Quellverkehr.

Dennoch haben viele von ihm profitiert: Die Schifffahrt hatte bei der Kanalpassage zwar keine Zeitvorteile, doch das Risiko, Schiffe, Besatzungen und Waren zu verlieren, verringerte sich deutlich.

Der Schiffbau an der Eider blühte auf. Die Werften verzeichneten so viele Aufträge, dass neue Betriebe gegründet und neue Mitarbeiter eingestellt werden konnten. Der Schiffbau entwickelte sich zu einem der wichtigsten Wirtschaftszweige der Region. Und das lokale Gewerbe sowie der Handel verdienten am Kanal gutes Geld.

In den Städten Holtenau, Tönning, Friedrichstadt und Rendsburg wurde die Verkehrsinfrastruktur ausgebaut und teilweise neu geschaffen. Damit hat der Kanal in der Region zu einem bescheidenen Aufschwung geführt.

Der Kanal heute

Heute ist der Eiderkanal das wohl bedeutendste technische Denkmal in Schleswig-Holstein und zugleich Anziehungspunkt für den Tourismus in der Region. Denn obwohl der Nord-Ostsee-Kanal über weite Strecken zwischen Kiel und Rendsburg die alte Trasse benutzt, sind doch beachtliche Reste des Kanals erhalten. Die Schleusen von Kluvensiek, Klein Königsförde und Rathmannsdorf – einst technische Meisterleistungen ihrer Zeit – und kurze und längere Kanalstrecken bei Projensdorf, Rosenkranz, Klein Königsförde und besonders bei Kluvensiek sind noch erhalten und geben nach wie vor ein eindrucksvolles Bild von der einstigen Gestalt der Wasserstraße.

DR. JÜRGEN ROHWEDER
Der Autor ist Historiker und war langjähriger
Vorsitzender des Canal-Vereins

Bau der neuen Schleusen in Brunsbüttel – Alle Mann müssen bei der Montage einer Pumpe anpacken.

ARBEITER, DIE WAHREN HELDEN DES KANALBAUS

Die wahren Helden des Kanalbaus sind die einfachen Arbeiter, oft „Monarchen" genannte Wanderarbeiter. Die Menschen mit der Schaufel in der Hand, die bei jedem Wind und Wetter das Kanalbett ausgraben. Aus ganz Europa strömen diese Arbeitskräfte in Schleswig-Holstein auf der seinerzeit größten Baustelle Deutschlands zusammen — die meisten allein, einige mit Familien, etliche in Gruppen, meistens aus dem Osten. Zwischen 3.000 und 6.000 Menschen werden beschäftigt, der Höchststand wird im Sommer 1892 mit 8.900 Mann erreicht. Alle können kommen, nur Sozialdemokraten und Anarchisten werden nicht geduldet. Der preußische Staat kümmert sich für die damalige Zeit vorbildlich um das Wohlergehen seiner Arbeiter, was sogar Kaiser Wilhelm II. ein Anliegen gewesen sein soll. Die Menschen werden in Baracken (insgesamt 12 Lager mit jeweils bis zu 400 Arbeitern) untergebracht, die von der Kanal-Commission in der Nähe der Baustelle betrieben werden und unter der Aufsicht von Verwaltern stehen. Die Anlagen enthalten Schlafsäle für jeweils acht Personen; jeder Bewohner erhält ein eisernes Bettgestell, ein Kopfpolster aus Seegras, und eine Wolldecke (im Winter: zwei).

Außerdem gibt es Speiseräume sowie Wirtschaftsräume, wie Küchen, Badezimmer, Waschküchen und Verkaufskioske. Verheiratete dürfen zusammenwohnen; für die Kinder gibt es Schulen. Für die Reinigung ist besonderes Personal zuständig. Die tägliche Säuberung der Unterkünfte, die unentgeldlichen Wasch- und Duschgelegenheiten verhindern das Ausbrechen von Krankheiten oder Seuchen, so zum Beispiel der in jenen Tagen in Hamburg grassierenden Cholera.

Für Frühstück, Mittagessen und Unterkunft zahlt ein Arbeiter 65 Pfennige bei einem Tageslohn von durchschnittlich 3,30 Mark. Akkordarbeiter können auf bis zu sechs Mark pro Tag kommen. Die tägliche Arbeitszeit beträgt zehn Stunden; die Löhne werden alle 14 Tage mittwochs ausgezahlt.

Die Zusammensetzung der Mahlzeiten ist genau festgelegt — so gibt es zum Beispiel morgens einen halben Liter gesüßten Milchkaffee und mittags eine Mahlzeit mit reichlich Fleisch und Speck. Die Menge des anzubietenden Fleisches entspricht derjenigen, die Heeressoldaten im Feld erhalten, der also über der Verpflegung in den Kasernen zu Friedenszeiten liegt. Branntwein-Kneipen müssen einen Abstand von fünf Kilometern zur Baustelle einhalten.

Die ärztliche Fürsorge umfasst eine regelmäßige

Trockenbaggerarbeiten am neuen Kanalbett.

Bau der beeindruckenden Schleusenanlage in Holtenau.

Inspektion der Lager mit Arztsprechstunden für leichter Erkrankte. Schwerer Erkrankte werden in Krankenhäusern, so zum Beispiel in Brunsbüttel, Rendsburg und Kiel (Universitätsklinik), behandelt. Zusätzlich lässt die Kanalverwaltung zwei weitere Lazarette in Burg/Dithmarschen und in Hanerau errichten. Jeder Arbeiter ist Mitglied in der von der Kanalverwaltung eingerichteten Krankenkasse. Dennoch sind Unfälle auf einer solchen Großbaustelle nicht zu vermeiden, während der Bauzeit sind 90 Todesfälle und 629 schwere Unfälle zu beklagen.

Für die geistliche Betreuung der Katholiken sorgt das Bistum Osnabrück, für die evangelischen Arbeiter sind die Ortspastoren zuständig sowie zwei eigene „Kanal-Pastoren". Alle zwei-drei Wochen finden Gottesdienste beider Konfessionen statt.

DR. KLAUS ALBERTS
Der Autor ist Jurist und Historiker
sowie Autor zahlreicher Bücher.

Mit bloßen Händen wird der Bohrer angesetzt.

Der Kaiser kommt – die prunkvolle Grundsteinlegung für den Kanal in Holtenau.

EIN STEIN FÜR DEN FELDMARSCHALL

Bis es mit dem Bau des Nord-Ostsee-Kanals so weit war, verging viel Zeit mit Diskussionen und politischem Geplänkel. Der preußische Ministerpräsident und spätere Reichskanzler Otto von Bismarck war dafür, Generalfeldmarschall Graf Helmuth von Moltke nach anfänglichem Wohlwollen später strikt dagegen.

Von einem Kanal, der Nord- und Ostsee verbinden sollte, hielt der Generalstabschef überhaupt nichts. Zu teuer, befand er. Außerdem sei „in unserem Norden" der Kanal mindestens hundert Tage im Jahr eingefroren. „Wenn wir für maritim-militärische Zwecke 40 bis 50 Millionen Taler ausgeben wollen, sollten wir statt eines Kanals lieber eine zweite Flotte bauen", erklärte Moltke 1871 vor dem Reichstag. Nun war der Generalfeldmarschall zwar kein seemännisch erfahrener Admiral, aber das Wort des Siegers der Schlacht von Königgrätz im Krieg gegen Österreich 1866 und des deutsch-französischen Kriegs von 1870/71 hatte Gewicht. Die Idee des Kanalbaus wurde erst einmal ad acta gelegt.

Der Reichskanzler dagegen sah die Chancen der Wasserstraße: Auf den „beträchtlichen, erheblicher Steigerung fähigen Verkehr der Ostseehäfen mit der Nordsee und auf die Interessen der Geschäftsleute in jenen Häfen ist ein großer Werth zu legen",

Noch heute weist ein Schild in der Rendsburger Königstraße auf Moltkes Aufenthalt hin.

stellte Bismarck 1885 fest. Die Hamburger Wirtschaft, vor allem der Reeder Hermann Dahlström, machten ebenfalls Druck.

Im Juni 1887 konnte endlich feierlich der Grundstein für den Nord-Ostsee-Kanal gelegt werden. Der 90jährige Kaiser Wilhelm I. ließ es sich nicht nehmen, persönlich nach Holtenau zu reisen. Schließlich sei er es gewesen, „der den Kanal wieder ausgegraben habe", verkündete der Herrscher. Nach seinem Ableben im Jahr 1888 und dem frühen Tod seines Thronfolgers Friedrich noch im selben Jahr folgte ihm der Marine-begeisterte Enkel Wilhelm auf den Thron.

Im April 1891 reiste Wilhelm II. zum Baubesuch an den Nord-Ostsee-Kanal. Zu der Besichtigungstour lud der 32jährige Kaiser auch den fast drei Mal so alten Helmuth von Moltke ein. Auf Gut Kluvensiek übernachteten die hohen Herren, in Königsförde nahmen sie ein spätes Frühstück ein. Bei dieser Gelegenheit wollte Majestät wissen, was Moltke denn nun vom Kanalbau halte.

Die Antwort des Feldmarschalls: „Eure Majestät wissen, daß ich stets ein Gegner des Kanals gewesen bin, und ich würde es noch heute sein, wenn er noch zur Frage stünde; da er nun einmal gebaut wird, ist es interessant, und es freut mich, die Arbeiten daran zu sehen und wahrzunehmen, mit welcher Sachkunde und Sorgfalt sie durchgeführt werden."

Nur wenige Wochen nach der Rundreise mit dem Kaiser verstarb der greise Feldmarschall, dessen militärische Karriere übrigens in der Kanalstadt Rendsburg begonnen hatte. Helmuth von Moltkes Vater, aus mecklenburgischem Uradel stammend, war dänischer Generalleutnant. Sein im Jahr 1800 geborener Sohn trat ebenfalls in die dänische Armee ein und wurde 1818 zum Sekondeleutnant befördert. Er diente im dänischen Infanterieregiment Oldenburg, das im damals noch zum däni-

Aus einem Granitfindling wurde der Erinnerungsstein, der heute am Kanalufer steht, geschaffen.

schen Gesamtstaat gehörenden Rendsburg stationiert war. 1822 wechselte er zur preußischen Armee und wurde schließlich Generalfeldmarschall und Chef des Generalstabes. In Rendsburg erinnert am Haus Königstraße 7 eine Tafel an Helmuth von Moltke, der um 1820 dort wohnte.

In Schülp wurde auf der Kanal-Nordseite ein Denkmal („Moltkestein") für den Kanalbesuch von Kaiser und Feldmarschall errichtet.   BP

Manchmal fahren auch nur halbe Schiffe durch den Kanal.